독학자를 위한

한비자 읽기

독학자를 위한 한비자 읽기 : 통치란 무엇인가

발행일 초판1쇄 2023년 11월 15일 | **지은이** 최경열
펴낸곳 북튜브 | **펴낸이** 박순기 | **주소** 경기도 고양시 덕양구 소원로 181번길 15, 504-901 |
전화 070-8691-2392 | **팩스** 031-8026-2584 | **이메일** booktube0901@gmail.com
ISBN 979-11-92628-25-7 04150

Booktube 북튜브 책으로 만나는 인문학강의 세상

독학자를 위한

한비자 읽기

독학자의 공부 04

韓非子

통치란 무엇인가

최경열 지음

북튜브

서문 '독학자의 공부' 시리즈를 펴내며
— 자기만의 읽기를 위하여

'독학자의 공부'라는 시리즈로 네 권의 책을 세상에 내보낸다. 각각의 책들의 제목은 모두 '독학자를 위한 ~ 읽기'라고 붙였는데, 강조점은 '읽기'에 놓인다. 읽기는 자신을 집중해 참여시키는 적극적인 행위다. 서양에서는, 적어도 영어권에서는 '읽는다'(reading)는 말을 포괄적으로 사용한다. 그들은 전공에 상관없이 공부를 모두 '읽는다'는 말로 표현한다. 셰익스피어를 읽고 프로이트를 읽고 마르크스를 읽으며 헤로도토스를 읽고 바이블을 읽는다고 한다. 근사한 말이다. 그들의 어법을 따르자면 공부란 읽는다는 말과 동의어다. 공부만큼 자신을 몰두하는 일이 없으니 읽기란 자신을 몰입시킨다는 말과 다르지 않다. 하지만 읽기 이전에 대상을 선택하는 행위가 먼저 있고 대상 선택은 완전히 자신만의 판단으로 이루어지지 않는다. 가치 있는 책에는 사회적 인정 혹은 통념이 끼어들기 마련이다. 읽기가 자신만의 결정임에도 거기엔 이미 외부의 개입이 전제된다. 외부 개입은 많은 경우 독서행위에 영향을 끼친다.

독서는 해석이기도 하다. 자신의 경험과 지식을 동원해 텍스트와 대화하고 충돌하는 행동이다. 텍스트에는 텍스트를 가치 있게 만든 역사의 무게와 전문가의 권위가 두껍게 쌓여 있어 독서는 텍스트 자체와 대면한다기보다 텍스트의 아우라를 확인하고 추인하는 과정일 가능성이 높다. 독서가 어려운 까닭이 여기 있다. 자기 의지를 힘껏 발휘해 정신을 고양시키는 고상한 행동인데도 확정된 가치를 재확인하는 작업에 그치는 이상한 결과. 그렇다고 독서행위가 만족감이 떨어진다거나 덜떨어진 행동이라는 뜻은 아니다. 세상에서 귀하게 여기는 유산을 맛보고 누릴 수 있는 것으로도 읽기는 훌륭한 일이다. 폄하할 필요는 없다. 그러나 독서가 지평을 넓히려면 다른 세계를 만드는 행위로 나아가야 하지 않을까, 자기만의 읽기를 통해.

'독학자의 공부' 시리즈를 구성하는 개개의 책들은 모두 3부로 구성했다. 책마다 약간의 차이는 있지만, 대체로 제1부는 텍스트를 둘러싼 외부의 객관적인 정보를 제공한다. 여기엔 지은이의 목소리가 끼어들 여지가 거의 없다. 남의 말을 선택해 재배열한 것일 뿐이다. 예비작업이기에 간결한 정보

제공이 그 임무다. 제2부는 텍스트 본문을 소개했다. 주석가들의 작업을 샘플로 실어서 텍스트 읽기의 실례(實例)를 보여 준다. 의도는 두 가지다. 하나는 고전의 가치가 후대의 다양한 읽기를 통해 풍부해졌음을 보여 주면서 동시에 다른 읽기가 가능하다는 암시를 주기 위해서다. 다른 하나는 가능하면 많은 글을 제시해 원문의 맛을 느끼고 원문으로 가는 길을 걸어 보도록 하려는 생각에서다. 고전 본연의 힘이 원문 중심으로 드러나도록 구성한 부분이 이곳이다. 제3부는 내가 읽은 고전의 모습이다. 제1부, 2부가 객관적이고 사회적으로 인정받는 가치를 제시했다면 제3부는 나 자신이 어떻게 읽었는지 사례를 보이고자 했다. 제목을 "독학자를 위한 고전 읽기"라 했으니 그 행동이 어떤 것인지 보여 주어야 하지 않겠는가.

제3부에 내 목소리가 담겼기에 공력을 제일 많이 들였다고 기억하는데, 돌이켜 보면 실상 제2부에 가장 많은 힘이 투입됐다. 나 자신의 목소리는 누구나 할 수 있는 설명 가운데 하나일 뿐, 원문을 뜯어 읽는 일이 백 마디 말보다 중요하다는 의식이 작용했던 게 아닐까. 자기 목소리를 내려면 텍스트를 읽어야 하고 어떤 경우든 자기 주장보다 텍스트가 우선한다는 생각이 우세했던 것 같다. 고전이라는 타이틀에 상응하는 텍스트의 빼어남이 내 목소리를 압도한 결과이고 그 생각은 틀리지 않았다고 판단한다. 다만 수록한 원문의 비중이 높

아 독자들이 읽기에 쉽지 않겠다는 불안감이 없지는 않다.

내가 선택한 네 권의 텍스트(『논어』, 『노자』, 『손자병법』, 『한비자』)는 어느 기준으로 보아도 하나로 묶이지 않는다. 내 선택 기준을 얘기하라면 '현실과 어떻게 관련되었나'라는 막연한 잣대를 썼다고 얘기할 수 있겠다. 텍스트가 탄생할 수 있었던 '시대와의 밀착도'가 판단 기준이었다. 그 기준에 따르면 『한비자』가 시대와의 밀착도가 가장 높다. 그다음이 『논어』로, 흥미롭게도 『논어』는 시대와 밀착하려 애를 썼음에도 불구하고 거리를 두려는 원심력도 함께 작용한다. 『손자병법』이야말로 전쟁이라는 당대의 중요한 과제를 다룸으로써 『한비자』보다 시대와 더 긴밀하게 얽혔다고 판단할 수 있으나 손자가 의도하건 의도하지 않았건 『손자병법』은 시대를 관통해 추상의 세계에까지 나아갔다. 그렇기에 『손자병법』은 놀라운 텍스트다. 『노자』에는 현실이 감춰져 있다. 개념으로 모든 걸 감싸면서 『노자』는 해석의 탄력성이 가장 높은 책이 되었다.

정확히 말하면 이들 텍스트는 시대와 현실에 어떻게 대응했는가라는 긴박한 문제의식을 가졌다고 말할 수 있겠다. 이 문제의식은 이들 텍스트가 쓴 언어에 조응한다. 아주 중요한 텍스트 『장자』가 빠졌는데 『장자』가 현실과 시대를 통찰하며 그것을 '가지고 놀았다'는 점을 상기하면 다른 텍스트와 비교해 볼 수 있을 것이다. 『장자』를 떠올리면 『한비자』가 얼마나 진지하고 심각하게 시대를 고민하고 현실과 씨름했는지 알 수 있다. 『장자』와 『한비자』를 양극단에 두고 그 사이에 텍스트를 놓아 보자. 『한비자』 곁에 『논어』가 놓이고 그다음에 『손자병법』이 자리 잡으며 『노자』가 『장자』에 가깝다고 할 수 있을 것이다. 임시로 펼쳐 본 스펙트럼이지만 고전 읽기 시리즈에 사용하기엔 그런대로 쓸 만하다. 나만의 예시일 뿐이니 다른 배치가 얼마든지 가능하겠지만.

이런 구도를 파악하기란 각 책 제2부에 실은 예시문만으로는 역부족이다. 해서 제3부에 내 의견을 제시하되 충실하게 제2부의 공헌을 보충한다는 게 애초 기획이었다. 하지만 결과를 놓고 보니 제3부는 독학자를 위한 글에 더 가깝다. 독학자는 홀로 공부하는 사람이다. 홀로 공부하는 사람이기에 누구보다 "학이시습지, 불역열호"(學而時習之, 不亦說乎)의 말을 가장 잘 이해하고 체험하는 사람이다. 그러면서 독학자(獨學者)는 외골수로 빠지기 쉽고 곧잘 독단에 물들며 권위에 금방 투항한다. 고독을 견디기 힘들어 사회적 통념에 안이하게 타협하는 존재이기도 하다. 그렇기에 독학자는 독학(篤學)하는 사람이어야 하다. 독실한[篤] 공부란, 옛사람의 말을 따르자면, '널리 배우고[博學], 깊이 묻고[審問], 신중하게 생각하고[愼思], 분명하게 분별[明辯]하는 것'을 말한다. 독학자는 고독하기에 독실하게 공부해야 한다. 독학자는 입문자가 아니다. 입문해서 부지런히 나아가 자기 길을 찾는 사람이다. 입문했다 한들 언제까지 초보자로 남을 수는 없는 법. 그들은 어디엔가 묵묵히 살아간다. "숨어서 사는 이의 고운 마음을" 헤아리는 사람은 어디에나 있기 마련이다.

헤밍웨이는 『킬리만자로의 눈』이라는 소설 제사(題詞)에 이런 말을 써 놓았다. "(킬리만자로) 서쪽 정상은 마사이어로 '응가예 응가이', 신(神)의 집이라 부른다. 이 서쪽 봉우리 가까이에는 바싹 말라 얼어붙은 표범 시체가 하나 있다. 그 높은 곳에서 표범이 도대체 무엇을 찾고 있었는지 설명해 주는 사람은 지금껏 아무도 없다." 표범이 왜 거기서 죽었는지 설명해 주는 사람은 없어도 해석을 시도한 사람들은 적지 않다. '완성을 향해 가는 끝없는 추구.' 이것이 통상적인 해석이다. 나는 이 해석을 받아들이기로 한다. 독학자는 표범이다. 그러므로 이 책들은 '독학자'에 진정한 방점을 찍는다. 불안감 속에서 서투르게 혼자 길을 걷는 독학자들에게 이 책들이 자극이 되고 힘이 되길 바란다.

감사의 말을 꼭 따로 적고 싶다. 이 책들은 블로그에 연재

했던 글을 모은 것이다. 마감에 쫓겨 서두르기도 했고 나중에 한 번 더 보리라는 생각으로 지나왔던 탓에 글이 흐트러진 꼴은 예상하고 있었다. 거기까지였으면 좋으련만 통독하고 보니 형편없는 볼품 정도가 아니었다. 마주한 글은 많이 무너져서 수리하는 선에서 그만둘 수는 없었다. 어떻게 손을 대야 하나. 교정쇄가 넘어왔을 때 지면에는 무수한 편집자의 주문이 붙어 있었다. 사려 깊은 의견, 예리한 지적은 말할 것도 없고 따끔한 코멘트에, 무엇보다 매서운 질문은 내 안이한 고민을 후려쳤다. 덕분에 수정하고 덧붙인 글이 적지 않다. 『노자』는 거의 새로 썼다고 할 수 있다.

이 모든 작업은 편집자와의 지면 대화가 있었기에 가능했다. 비문을 바로잡고 문장을 다시 쓰는 작은 일에서부터 문단을 만들고 조직을 구성하는 큰 일까지 긴장감을 유지할 수 있었던 건 편집자의 적극적인 참여 덕분이었다. 무릇 편집자의 존재란 이런 것이다. 편집자와 공동 작업을 했다 해도 과언이 아니다. 이 과정을 함께해 준 박순기 편집장에게 감사를 전한다.

2023년 9월

저자 쓰다.

차례

2부 한비자의 문제의식 … 59

| 일러두기 |

1 이 책에서 인용한 『한비자』 등 한문 문헌의 한국어 번역은 모두 지은이가 옮긴 것입니다.

2 한문 문헌을 번역하여 인용한 경우, 독자들이 직접 한문 원문을 접할 수 있도록 번역문의 끝에 한문 원문을 수록했습니다. 단 인용이 길게 이어지는 경우에는 단락이 끝나는 곳에 해당 단락의 원문을 수록했습니다. 수록된 원문의 출처가 되는 도서는 권말의 참고문헌으로 정리하였으며, 이 책에서 인용한 한문 원문이 수록된 온라인 사이트도 함께 모아 참고문헌에 정리했습니다.

3 단행본의 제목에는 겹낫표(『 』)를, 『한비자』 등의 편명에는 낫표(「 」)를 사용했습니다.

4 인명·지명 등 외국어 고유명사는 2017년 국립국어원에서 펴낸 외래어표기법을 따라 표기했습니다.

들어가며 _ 통치론의 새 지평

내게 『한비자』 읽기는 편견의 숲을 헤치고 지나는 과정이었다. 무엇보다 법가라는 용어가 선입견을 심어 주었다. 법이라는 말은 딱딱한 법 집행이라는 말과 연결되고 입법이라는 근대적 개념이 먼저 들어와서 읽기를 방해했다. 법가를 영어로 '리걸리스트'(legalists)라고 하는데 '리걸'(legal)이라는 말 역시 법(law)에서 연유하기에 『한비자』를 이해하는 데 법망(法網)을 벗어나기 쉽지 않았다. 또 하나는 마카아벨리즘과의 관련성이었다. 마키아벨리즘의 관점에서 접근하는 것이 『한비자』를 읽는 흔한 방법이었는데, 나 역시 마키아벨리즘이라는 함정에 빠져 맥락을 짚지 못한 것도 편견을 강화시켰다. 마지막으로 『한비자』의 길이도 문제였다. 적지 않은 텍스트 길이가 전체를 장악하는 데 장애가 된 것이다. 텍스트 이해는 멀기만 하고 그럴수록 남의 장단에 맞춰 읽기를 되풀이하는 악순환.

미약하고 불안하더라도 한 가지 테마를 실마리로 붙잡고

등불 삼아 다시 읽기로 했다. 통치론이라는 가닥. 정치사상이라는 독법으로 꿰어 보기로 작정한 것이다. 몇 가지 갈래가 보이기 시작했다.

첫째, 한비자는 선왕(先王) 혹은 성인(聖人)에서 '보통 임금'으로 통치 주체를 옮겼다. 이는 인식의 전환이라고 얘기할 수 있는 탁견이었다. 유가에서 도가까지, 심지어 묵가에서조차 선왕이라는 문명의 창조자, 문화의 모범에서 통치론을 구상하는 이상(理想)정치를 벗어나지 않는다. 한비자는 이 강고한 틀을 깼다. 한비자를 통해 통치는 이상의 영역에서 당대 현실과 '지금 여기'의 문제로 바뀌었다.

둘째, 한비자는 통치의 중심을 왕에게 두었다. 군신관계를 근간에 두는 것이 통치론의 주류였다. 유가가 이 문제에 고심을 거듭해 부자관계를 군신관계로 확대하였고 묵자도 현인 발탁이 정치의 관건임을 주장했다. 한비자도 능력 있는 사람, 사심 없는 인재 등용을 주장한 건 틀림없으나 강조점을 임금에 두었다. 군신관계보다 왕을 중심에 둘 수 있었던 관점 변화는 한비자가 군신관계의 본질을 불신으로 파악했기 때문이었다. 한비자는 군신관계의 역학을 역사를 통해 확인하고 실증한다. 왕을 위협하는 존재로서의 신하. 유가는 군신관계를 신뢰와 조화에 두었다. 이 연장선에서 맹자는 인간 본성을 선하다고 주장하기에 이른다. 한비자는 아니라고 한다. 역사를 보라. 군신관계의 토대는 상호 간의 불신이고 그 불신은 결국 서로를 죽이는 것으로 끝난다. 그렇다면 임금이 할 일은 신하를 통제하고 불신을 최소화하는 것. 임금은 자신을 숨기고 보이지 않는 수단까지도 동원해야 한다. 이 수단을 술(術)이라 했고 술은 은밀한 통치수단으로도 쓰인다. 공식적이고 표명된 제도적 장치를 법(法)이라 했다. 법은 유가에서 말하는 예(禮)를 구체화한 것이지만 한비자에게서는 명확성을 띠었다는 점에서 구분된다.

이 두 가지는 한비자가 순자(荀子)에게서 배운 것이다. 순자는 선왕에서 후왕(後王)으로 논의의 초점을 옮겨 당대성을 주장했다. 본성에 대해서는 성악설(性惡說)을 말해 후천적 학습을 강조하면서 이를 확장해 사회적 제도로서 예(禮)를 부각시켰다. 순자의 예와 후왕은 한비자의 법과 보통 임금으로 전환된다. 한비자가 순자의 제자였다는 말은 사제관계라는 인연을 전하는 정보 이상의 의미가 들어 있다. 한비자의 사상이 순자에 근거한다는 깊은 영향관계를 가리킨다. 유가와 법가의 거리는 멀지 않다.

순자와의 관련성 외에 진시황과 관련해서도 한 가지 덧붙일 게 있다. 제국 통일 직전, 진시황이 한비자의 글을 읽고 그를 만나고 싶은 나머지 한(韓)나라를 공격했다는 기록이 남아 있다. 한비자 글의 무엇이 진시황에게 호소력을 발휘했을까. 나에게 이 질문은 중요했고 『한비자』를 읽게 한 추동력이 기도 했다. 이제 나름대로 해답을 시도할 수 있을 것 같다. 그것은 한비자가 그때까지 막연했던 군신관계의 핵심을 명료하게 설명했기 때문이 아닐까. 이는 진시황으로 하여금 통치가 성인의 몫이 아니라는 것을 깨닫고 현실의 정치로 나아가도록 자각케 한 것이기도 했다.

이 두 가지만으로도 한비자는 주목을 받기에 충분하다. 그러나 한비자의 독창성이 드러나는 부분은 따로 있다. 한비자는 제가(齊家)와 치국(治國)을 분리시켰다. 이것이 내가 『한비자』를 읽는 세번째 독법이다. 제가와 치국의 분리는 중요한데, 유교 가치가 우세한 전통국가에서 이 부분은 간과돼 왔다. 수신제가치국평천하(修身齊家治國平天下)라는 명제 속에 사적 가치와 공적 가치의 결합, 연속성은 의심의 여지가 없었고 지속적인 영향력을 행사했다. 한비자는 공적 가치를 우위에 두면서 사적 가치를 제거하는데 이때 가(家)를 사적 영역으로 간주하고 제거한 뒤 치국의 논리에 집중했다. 한비자가 공(公)이라는 개념을 끌어들임으로써 공사(公私)가 분명해졌고 가치의 위계가 세워졌다. 통치가 공적 영역의 장(場)에서 논의되는 새로운 지평이 열린 것이다. 지금은 지극히 당연해 보이지만, 당시에는 경계조차 의식 못했던 공사의 구분은 한비자에 와서 문제의식으로 떠오른 것이다. 한비자의 공사 구분은 아무리 강조해도 지나치지 않을 것 같다. 후대에 공적 가치를 강조하는 풍조도 모두 한비자가 공사 구분이라는 물꼬를 텄기 때문에 가능해진 것이다. 이러한 한비자의 가치를 간파하고 『한비자』 이해에 신기원을 이룬 사람이 일본 사상사에서 우뚝한 자리를 차지하고 있는 오규 소라이(荻生徂徠)다. 그의 걸작 『논어징』(論語徵)은 『한비자』에 대한 통찰과 관련이 깊다. 제가와 치국을 분리한 토대 위에 법을 제도로 이해하고 제도라는 관점에서 국가통치를 해명했기 때문이다. 유가 원칙에 충실한 주자학을 떠받든 조선 시대에 유가 가치와 상반되는 『한비자』가 외면받을 수밖에 없었던 이유이기도 했다.

이상이 전통적으로 『한비자』가 가치를 지녔고 사상사에 공헌했다고 평가받는 대략적인 모습이다. 명민한 한 사상가의 세계라고 평가하는 데 부족함이 없다.

그렇다면 시대를 뛰어넘어 새로 발견할 광맥은 없는 것일까. 현재에도 호소력을 발휘하는 부분은 여전하다. 두 가지를 얘기할 수 있을 것 같다.

먼저, 『한비자』에 깔려 있는 무수한 이야기들. 한비자가 자신의 논리를 증명할 목적으로 동원한 역사적 사례이기는 하나 그 수단을 떠나 이야기 자체의 호소력과 자료적 가치는 시간이 지날수록 빛난다. 그 이야기들은 어디서도 볼 수 없는, 유니크한 원자료이기 때문이다. 이 이야기더미는 발전하면 서사의 저수지, 혹은 후대에 개화하는 소설문학의 남상(濫觴)이 된다. 한비자가 새 장르를 개척한 일은 우연이 아니다.

다음으로 『한비자』의 문장력을 들 수 있다. 문장력의 구체적인 양상은 본문에서 자세히 얘기했으므로 윤곽만을 거론해 본다. 한비자는 통치론에 초점을 두면서 주제에 집중할 수 있었다. 그 긴 텍스트가 오롯이 자기 주제를 밀고 나간다. 전례 없이 긴 텍스트가 유례없이 좁은 주제를 다루면서 다각적인 측면을 거론하고, 날카로운 시대 관찰과 분석을 통해 치밀한 논리, 밀도 높은 체계, 예리한 문장을 성취했다. 그의 날렵한 글!

나의 『한비자』 읽기를 요약하면 위와 같다. 3부로 구성한 것은 시리즈의 다른 책과 다름이 없으나 다시 읽고 보니 균형을 잃고 제3부에 집중했다는 인상이 강하다. 또 책 전체에서 문장 설명에 많은 지면을 할애했는데 그의 문장에 매혹됐기 때문이었다. 극단적으로 말하면 『한비자』는 오로지 문장만으로 길이 살아남을 것이다. 그의 문장이 나를 끌어당겼다.

1부

한비의 생애와 문장

韓非子

1장 _ 한비의 생애

한비, 전국시대 최후의 대사상가

한비의 생애는 사마천의 『사기』「열전」(列傳)에 기록되었다. 「열전」 제3편 「노자한비열전」(老子韓非列傳)이 우리가 읽을 수 있는 한비에 대한 최초의 전기다. 분량은 적지 않으나 객관적인 정보는 많지 않다. 한(韓)나라 공자(公子) 가운데 한 명이라는 것, 형명법술지학(刑名法術之學, 까다로운 말이다. 뒤에 상술한다)을 좋아했다는 사실, 말더듬이라 말보다 글에 더 능했다는 점, 이사(李斯)와 함께 순자(荀子)에게서 배웠다는 기록이 보인다. 마지막에는 훗날 진시황이 되는 진왕(秦王)이 그의 글을 보고 만나고 싶어 해 한나라를 공격했고, 이에 한비가 진나라에 사신으로 가 왕을 만났다가 이사의 모함으로 죽었다는 얘기 정도가 객관적으로 알 수 있는 한비 생애의 전부다. 그런데 전의 중간에 사마천은 한비가 조국 한나라가 쇠

약해지는 걸 보면서 문제의식을 가다듬어 저술을 썼다는 학문 배경을 비교적 자세하게 적고 특이하게도 한비의 글 「세난」(說難)을 길게 인용한다. 이렇게 인용이 끼어들어 긴 기록이 됐지만 상세한 전기는 아니다. 전(傳)이라는 형식 규정 같은 게 있다면 특이한 전, 혹은 변격의 전이라 할 만하다.

'한비전'을 읽으면 사마천이 한비를 주목한 이유가 그의 글 때문이 아니었을까 추측하게 된다. 불운한 죽음 뒤에 빼어난 글을 남겼다는 동병상련 같은 연민이 '한비전'을 남긴 추동력이 아니었을까 상상해 볼 수 있다. 사마천의 이런 감정 때문일까? '한비전'을 읽고 나면 한비의 글이 훌륭하다는 인상을 가질 수밖에 없다. 사회적 공적[立功]이 아니라 글이 인물에게 가치를 부여하고 입전(立傳) 대상을 만들었다고 할까. 문(文)을 중시한 전통사회에서는 입언(立言)이 인간의 불후(不朽)의 업적 가운데 하나였으니 글을 주인공으로 두었다고 이상하게 여길 일은 아니다. 소략한 전기적 사실은 인간 한비에 대한 궁금증을 갖게 하지만 거꾸로 한비의 글이 한비를 정확하게 드러낸다는 사마천의 태도를 느낄 수도 있겠다.

그렇다면 한비의 행적은 사마천의 글을 뼈대로 살을 붙여 보는 수밖에 없다. 앞서 말한 대로 '한비전'은 한비의 글 「세난」을 중심으로 전기를 구성한 게 분명하다. 전국 말기 약소국 한나라에서 공실(公室)의 여러 자식 가운데 한 명으로 태어나 말더듬이로 자랐으니 유세가들이 말로 득세하며 국제정치를 이끌던 시절에 한비는 글에 진력할 수밖에 없었을 것이다. 뛰어난 능력을 가진 공자라면 신하들과 세력을 형성할 수도 있었을 텐데 그는 그렇질 못했다. 약소국의 처지라는 절박한 시대 공기가 그를 부국강병에 대한 사고로 이끌었을 거라는 추측은 단순 논리의 조립에서 그치지 않는다.

비천한 출신의 "이사와 함께 순자에게서 배웠다"[與李斯俱事荀卿]고 사마천은 적었는데 이 사실은 다소 논란의 여지가 있다. 전국 말엽, 사회계급의 붕괴가 눈에 띄게 커지면서 새 계층이 등장하고 사(士) 계급의 약진이 두드러졌다는 사실에 대한 한 예증으로 읽을 수 있기는 하다. 하지만 옛 시절의 관습도 강력한 위력을 유지했기에 둘이 동등한 처지에서 교육을 받았다고 단정하는 것도 간단해 보이지 않는다. 재미있는 점은 인용한 문장에 이어 사마천은 이런 말을 했다. "이사는 자신이 한비만 못하다고 여겼다"[斯自以爲不如非]. 이 진술은 훗날 한비가 진나라로 사신 왔을 때 이사가 질투를 느껴 한비를 자살하게 만들었다는 강력한 암시에 복선 역할을 한다. 이사가 예사 인물이 아니었지만 사마천은 한비를 더 높였다. 한비에 대한 사마천의 애정으로 읽을 수 있는 대목이다.

사마천이 열전에서 한비를 배치한 방식을 눈여겨보자. 사마천은 「노자한비열전」(老子韓非列傳)이라 했고 「태사공

자서」(太史公自序)에서도 "이이[노자]는 무위로 스스로 변하였으며 청정으로 스스로를 바로잡았다. 한비는 맡긴 일과 실제 한 일을 따져 보고 세와 다스림의 원칙에 따랐다. 그래서 노자·한비 열전을 지었다"[李耳無爲自化, 淸淨自正 ; 韓非揣事情, 循勢理, 作老子韓非列傳]라고 했으니 두 사람의 전기를 쓴 게 확실하지만 글을 읽어 보면 노자와 한비 사이에 두 사람이 더 있다. 장자(莊子)와 신불해(申不害). 사마천은 노자와 장자를 한 쌍으로 엮어 흔히 노장(老莊)으로 일컫는 도가 계열의 흐름으로 파악하는 한편, 신불해를 한비와 한 쌍으로 묶고 신불해를 법가의 선구자로 한비 앞에 서술해 관련성을 드러냈다고 읽을 수 있다. 그렇다면 중간에 두 사람이 끼어들어 노자와 한비의 연속성이 흐려질 수 있는데 사마천은 이를 몰랐을까.

사마천은 노자-장자-신불해-한비를 관통하는 공통요소가 있기 때문에 이들을 한자리에 모아 놓았다고 보는 게 옳을 것이다. 그게 무엇일까.

노자와 장자에 대한 전을 쓴 사마천은 두 사람을 무위(無爲)라는 말로 설명했다. 신불해에 대해서는 "신자의 학문은 황로에 근본을 두고 형명을 주로 했다"[申子之學本於黃老而主刑名]고 하면서 한비를 논할 때도 "그의 귀착점은 황로에 근본을 두었다"[其歸本於黃老]고 썼다. 황로학(黃老學)은 무위를 근원에 둔 정치사상으로 전국시대 중기에 발생해 전국 말기에서 한나라 초기에 성행했던 큰 세력임은 널리 알려졌다. 사마천은 노자를 황로지학의 비조(鼻祖)로 놓고 한비를 황로학의 공로자로 함께 엮었던 것이다. 사마천이 살았던 시기, 황로학이 왕성해 영향력이 컸음을 반영한 당대성이 관류하는 전기라고 읽을 수 있다. 노자에서 한비자에 이르는 통치사상, 크게는 정치사상의 흐름이라는 관점에서 이들을 한 그룹으로 꿴 것이다.

진시황의 천하통일은 기원전 221년. 사마천의 『사기』 완성은 한무제 때인 기원전 96년. 한비는 진시황의 천하통일 전에 세상을 떠났으므로 사마천은 대략 120년 전에 살았던 한비를 기록했다. 사마천이 가진 자료는 한비가 쓴 글과 전해오는 이야기가 전부였을 것이다. 사마천은 객관적 정보는 기본 사항만 기록하고 그의 글에 집중해 한비를 조명했다. 한비라는 인물은 글을 읽어야 이해할 수 있으며 그의 사상 역시 글을 통해 조망할 수 있다고 말하는 듯하다. 그의 글에는 한비 개인의 이야기, 생활 모습 따위는 들어가 있지 않다. 우리가 읽는 『한비자』는 개인 저술가 한비가 쓴 글이지만 그는 사회적인 이슈에 몰두해 한 사회를 유지하고 지속시키는 원리를 발견하고자 문제의식을 첨예화했다.

한비의 작업은 간단치 않다. 그는 원시법가라고 할 수 있는 정(鄭)나라의 오랜 전통과 한(韓)나라의 학통을 이었으며 (신불해는 정나라 사람으로 한나라에서 벼슬했다) 순자(荀子)에게서 현실감각을 익혀 당대를 보는 폭넓은 시야를 갖게 된다. 순자 문하에서 이사와 같은 대정치가가 나온 것은 순자의 현실통찰력을 보여 주지만 동시에 순자의 학술적 깊이를 간과해서는 안 된다. 서양에서는 순자를 아리스토텔레스에 비유해 학문의 집대성자로 일컫는다. 순자의 문하에서 가장 유명한 두 사람이 나왔으니 정치 쪽에서는 이사가 현실적인 성취를 보여 주었고 학문 쪽에서는 한비가 큰 업적을 이루었다. 이사가 한비보다 못하다고 여겼던 부분은 학술적인 측면을 말한 것이었다. 순자의 학문은 한편으로는 유가의 정통을 이어 통일제국 한(漢)나라의 사상과 학술이라는 거대한 흐름을 이루지만 그 전에 한비라는 걸출한 사상가를 탄생시켜 전국시대 마지막을 장식한다.

한비와 이사, 라이벌?

앞의 얘기를 토대로 사마천의 전을 정리해 보자. 전에서 확실하게 얘기할 수 있는 것은 세 가지다. 한비가 왕실의 후손이라는 것, 말더듬이로 글을 잘 썼다는 점, 그리고 진나라에서 죽었다는 사실. 마지막 이야기는 널리 전해 온다. 마지막 사실이 한비의 생애를 압축한다는 점에서 집중할 필요가 있다. 이사와 한비의 관계를 이야기하면 이사의 관점에서 한비의 생애를 다르게 이야기할 수 있지 않을까. 이사를 얘기하는 게 순서에 맞을 것이다.

'한비전'을 다시 읽어 보자. 사마천은 한비가 "이사와 함께 순자에게서 배웠다"[與李斯俱事荀卿]고 했다. 이 말은 한비와 이사가 동기동창인 걸로 오해할 소지가 있다(현대 중국의 걸출한 역사가 첸무錢穆는 『선진제자계년』先秦諸子繫年의 「이사한비고」李斯韓非攷에서 이사와 한비를 비슷한 연배로 가정했다). 한비는 공족(公族)으로 지체 높은 신분이었고 이사는 보잘것없는 천민이었다. 앞에서 이야기했듯이 이 둘이 순자의 문하에 있었다는 사실을 문자 그대로 읽어 전국시대 신분이 와해되는 증거로 읽을 수는 있다. 허나 신분이 흐트러지는 와중이라 해도 둘이 너나들이하면서 막역한 사이로 지냈다고 보긴 어려워 보인다. 다른 문장을 보자.

> 어떤 사람이 한비의 글을 전해 진나라에까지 알려졌다. 진왕이 「고분」(孤憤)·「오두」(五蠹)의 글을 읽고서는, "아, 과인이 이 사람과 만나 함께 노닐면 죽어도 한이 없겠다"라고 하였다. 이사가 말했다. "이는 한비가 쓴 글입니다." 진나라가

이 말에 급히 한나라를 공격했다.

人或傳其書至秦. 秦王見孤憤五蠹之書, 曰 : "嗟乎, 寡人得見此人與之游, 死不恨矣." 李斯曰 : "此韓非之所著書也." 秦因急攻韓.

「고분」·「오두」 두 글만을 언급했지만 이에 앞서 사마천은 한비의 주요 글로 두 작품 외에 「내외저」(內外儲)·「설림」(說林)·「세난」(說難)을 들면서 10여만 언(여기서 언言은 자字라는 말이다. 10여만 글자나 되는 거작을 썼다는 뜻이다. 중국은 글자 수로 작품의 사이즈를 말한다)이라 했다. 한비의 글 가운데 「고분」·「오두」가 가장 유명했던 것으로 보이는데 진시황이 읽고 감탄했다. 진시황의 안목과 식견에 대해 몇 자 언급해야 할 것 같다. 당시 글은 지금처럼 단행본의 형태가 아니라 한 편씩 유통되는 형태였을 것이다. 편(篇)의 형태가 일반적이어서 당대인은 아무도 『한비자』로 묶인 방대한 한 권짜리 책은 보지 못했을 것이다. 진나라는 이미 상앙(商鞅)을 통해 법가의 전통이 굳건하게 뿌리내린 터라 통치에서건 사상에서건 법가의 주장에 익숙했다. 진나라의 지적 분위기가 법가 쪽에 친숙하고 진시황 역시 법가를 잘 알고 있던 상황에서 한비의 글을 읽고 새삼 감탄한 것이다. 이전 법가와 다른 면을 감지하고 눈을 떴다는 의미로 읽을 수 있다.

진시황의 지적 수준을 얕잡아 보면 안 된다. 진시황이 한비자를 만나기 전 진나라에는 노애(嫪毐)의 변란이 있었다. 노애 반란의 여파는 커서, 진시황은 반란을 진압한 후 원인을 되새기다 외국인[客]이 진나라에서 벼슬한 것이 한 요인이라 판단해 전국에 축객령(逐客令)을 내린다. 이때 객경(客卿)으로 조정에 있던 이사가 「논축객령서」(論逐客令書)란 글을 진시황에게 올린다. 진나라가 부강하게 된 원인을 외국에서 와 벼슬한 신하[客卿] 덕이라며 진나라의 시사 문제와 현실을 분석한 탁월한 글이었다. 이사의 글을 읽고 진시황은 축객령을 거둬들인다. 이사가 진나라를 대표하는 문인이라는 루쉰의 평가를 떠올리지 않더라도 이사의 글을 읽으면 그가 대단한 문장가라는 사실을 단번에 알 수 있다. 「진시황본기」에 실린 이사의 글 여러 편이 이를 웅변한다.

진시황은 이사의 글을 읽고 판단할 줄 아는 식견과 통일 제국의 황제로서 자신이 어떤 위치에 있는지 정확히 아는 사람의 안목을 지녔다. 진시황은 최초로 중국을 통일하고 새로운 제국을 만든 후 신하들에게 지금까지의 공적을 드러내는 호칭을 상의하라고 하명하는데 이 글이 볼 만하다. 진시황이 예사로운 인물이 아님을 알 수 있다. 이런 진시황이 한비의 글을 읽고 감탄했다는 말은 한비에게 진시황의 높은 안목을 뛰어넘는 무언가가 있다는 뜻이다.* 그것은 군신관계의 본질을 간파하고 임금의 통치술을 중심에 둔 한비의 안목에 진시황이 크게 동의했다는 뜻이기도 하다.

사마천은 「세난」의 전문을 옮겨 적어 한비의 글에 존경을 표했지만 진시황이 읽었다는 「고두」와 「오분」이 명문 중에 명문이다. 여기서 중요한 건 이사의 반응. 이사는 한비가 쓴 글이라고 했다. 진시황은 처음 읽는 글인 데 비해 이사는 그 글을 이미 읽었다는 것을 알 수 있다. 한비가 유명해지기 이전에 이사는 한비의 저작을 알고 있었다는 말이다. 한 가지 추론을 해보자. 이사와 한비는 나이 차이가 있었고, 순자 문하에서 같이 공부했다고는 하나 한비가 한참 선배가 아니었을까. 사마천의 진술은 두 사람이 같은 시기에 순자에게 배운 걸로 읽을 소지가 있지만, 동고동락하며 한솥밥 먹는 사이가 아니라 순자 문하에 속하는 사람이었다는 진술일 가능성이 높다.

순자가 제자를 가르치기 시작한 시기는 초나라에서 벼슬을 얻어 난릉령(蘭陵令)을 지내다가 그만두고 난 이후로 알려

---

* "진나라가 이 말에 급히 한나라를 공격했다"는 다음 문장 역시 사실(史實)로 읽기보다는 한비의 글에 대한 사마천의 애정이 드라마틱하게 표현된 것으로 읽어야 할 것이다. 「진시황본기」나 「진세가」(秦世家), 「이사전」(李斯傳)의 사실(史實)과 견주어 보면 한나라를 공격한 시기와 계기는 한비와의 관련성이 희박하기 때문이다. 진시황이 한비에 매혹되었다 한들 총명한 임금이 책의 저자 때문에 한나라를 공격했다는 건 이치에 맞지 않는다.

졌다(난릉은 남방이 아니라 현재의 산동성山東省에 있다). 순자 말년이다. 순자는 장수한 인물로 추측하는 사람들이 많은데 근거가 있는 의견이다. 『순자』(荀子) 「의병」(議兵) 편에 이사가 순자와 대화를 나누는 장면이 실려 있다. 이때 이사의 나이 20여 세 즈음으로 추정한다. 이사가 순자 문하를 떠나 진(秦)나라에 들어간 것이 30여 세가량. 한비는 한왕(韓王) 안(安) 6년에 진나라에 사신을 가 이듬해에 세상을 떠나는데 이사가 진나라에 머문 지 15년이 된 때였다. 한비가 세상을 떠날 때의 이사의 나이를 45세 즈음으로 볼 수 있다. 그럼 이때 한비의 나이는 몇 살이었을까? 『한비자』 「문전」(問田) 편과 「외저설(外儲說) 우상(右上)」 편에 당계공(堂谿公)이라는 인물이 보인다. 한비가 당계공과 대화를 나누는데 이때 한비의 나이를 20세 정도로 추정할 수 있다. 당계공은 한(韓)나라 소후(昭侯) 때 사람으로 한비를 만났을 때 이미 90여 세였다. 당계공의 나이를 기준으로 한비의 출생년을 역산해서 죽은 해(진시황 14년)를 따져 보면 한비의 나이는 65세쯤 된다. 추정치이긴 하지만 이를 받아들인다면 이사와 한비는 20세가량 나이 차이가 있는 셈이다. 이사가 순자 문하에서 수업하던 시절 한비는 이미 자신의 학문을 어느 정도 정립한 시기였던 것이다. 한비가 이때 사마천이 명문으로 꼽은 「고분」·「오두」 등의 글을 썼고, 이사가 진나라에 들어가기 전에 한비의 글을 읽었다고 상상해도 무방하리라.

이사는 자신이 한비보다 못했다는 생각을 가졌었다. 자신 못난 위인이 아니었음에도 한비에게 열등감을 가졌던 걸 보면 인간이란 사회적 지위나 권세, 명예나 부(富)가 전부가 아니라 다른 욕망을 품는 모양이다. 호사가들은 이사가 실제 한비를 죽였다고 보고 질투에 따른 살해라고 해석한다. 썩 구미에 당기는 해석은 아니지만 그들의 말에 동의한다면 이사가 한비를 부러워했던 마음을 오랫동안 품고 있었다는 점을 염두에 두어야 하리라.

한비의 시대

한비가 살았던 시대를 살펴보면 한비의 절박함을 이해하기 쉬울 것이다. 한비가 살았던 시대는 한나라 희왕(釐王, 재위 23년), 환혜왕(桓惠王, 재위 34년), 왕 안(王 安. 안은 이름. 멸망한 왕이기에 시호가 없다, 재위 9년)의 통치기로 모두 66년, 한비의 전 생애와 거의 일치한다. 한비는 왕 안 5년에 진나라에 사신 갔다가 그곳에서 세상을 떠났으니 한나라는 한비가 세상을 떠나고 4년을 더 버티다 망했다. 한비의 절망적인 노력이 실패로 돌아가고 진나라에게 마지막 일격을 받는 기간이었다. 한나라가 멸망한 때는 진시황 17년. 진나라가 한나라를 멸망시키고 천하통일의 물꼬가 터진다. 6국을 모두 멸하고 통일을 이룬 것이 진시황 26년이었으니 한나라의 멸망은 9년 동안 이어질 통일의 서막이었던 셈이다.

한나라를 가장 먼저 멸망시켜 제후들을 공포에 떨게 해야 한다고 계획을 올린 사람은 이사였다. 앞서 이야기한 대로 진나라는 조나라 출신인 노애의 난을 겪은 후 그 여파로 진나라에서 벼슬하는 모든 외국인을 추방하는 축객령(逐客令)을 내린다. 이때가 진시황 10년. 이사는 축객령을 거두도록 진시황을 설득하는 데 성공하고 이 기회에 진시황에게 진나라의 비전을 제시하면서 두각을 나타낸다. 그 비전은 천하통일의 청사진이었다. 약한 고리를 쳐라. 이사는 통일의 흐름을 정확히 파악하고 구체적인 방안으로 한나라 멸망을 내놓는다. 이것은 탁견이었다.

진나라의 통일 전쟁이 어려웠던 까닭은 전선이 여러 개였기 때문이다. 지정학적으로 가장 서쪽에 위치한 진나라는 동진(東進)해야 중원으로 뻗어 나갈 수 있었다. 진나라와 싸울 나라가 점점 많아질 수밖에 없는데, 진나라의 국력이 강해지면서 국경선도 확대되기 때문이었다. 진나라는 소양왕(昭襄王) 때 통일의 기초가 실질적으로 완비된다. 소양왕은 56년간 재위하면서 동진 정책을 성공적으로 완수해 강적 초나라의 영토를 흡수, 국토를 크게 넓혔다. 진시황의 아버지 장양왕(莊襄王)의 치세는 4년에 불과했지만 그 기간에도 꾸준히 정복전쟁을 이어 나갔고 그 60년간 이룬 토대를 진시황이 물려받았다. 진시황이 직접 상대하는 나라는 국경을 접한 넷이었다. 가장 북쪽에 국경을 맞댄 조(趙)나라, 그 아래로 위(魏)나라, 위나라 아래의 한나라, 그리고 가장 남쪽의 초나라. 전선이 너무 길고 상대할 나라는 많았다.

소양왕이 뛰어났던 까닭은 이 넓은 전선을 자신에게 유리하도록 조정한 능력 때문이었다. 그는 전선을 여러 개로 분산시키지 않았다. 초나라를 공략할 때는 강적 삼진(三晉. 한, 위, 조 세 나라)과 맹약을 맺었고, 삼진 가운데 가장 강했던 위나라를 공략할 때는 초나라, 그리고 삼진 가운데 두 나라와 맹약을 맺어 다른 나라를 묶어 놓고 타깃이 되는 국가를 공략했다. 동쪽 배후에 거대한 강국 제(齊)나라를 움직이지 못하도록 맹약을 미리 맺어 원교근공(遠交近攻)의 전략을 구사한 것도 소양왕이었다. 더구나 명장 백기(白起)가 눈부신 활약을 펼친 데다 저리자(樗里子) 등 빼어난 문신들을 곁에 두고 있었다. 국제정세를 읽고 자기 방식대로 이끌 줄 아는 왕이었다.

한나라는 진(秦) 소양왕 시절부터 곤경에 빠지기 시작한다. 한나라가 약한 나라는 아니었다. 삼진은 전통적인 강국이었고 진나라는 가장 강력한 적수인 위나라만을 상대하기도 벅찼다. 초나라의 힘도 막강해 함부로 다룰 수 없는 존재였고, 한나라 역시 삼진의 하나로 남쪽에서는 초나라, 북으로는 위나라, 동쪽에서는 제나라, 서쪽에서는 진나라를 상대하면서 단련되어 만만하게 다룰 상대는 아니었다. 한나라의 지정학적 조건은 한나라가 다른 나라의 균형을 이용해 생존해 온 기회이기도 해 약소국이라고 말할 수는 없다. 그러나 약자가 아니었음에도 상대적인 열세는 벗어나기 힘들었다. 이사는 이 부분을 알고 한나라를 제일 목표로 세운 것이다. 6국의 실제 멸망과정을 보면 한나라 멸망에 이어 조나라가 무너지고, 삼진 가운데 가장 강적인 위나라가 쓰러졌다. 이사가 계획을 제대로 짠 것이었다.

이사가 한나라 멸망을 목표로 세워 통일전쟁의 마스터플랜을 짜고 한나라 멸망의 책임을 부여받았을 때 제나라 출신의 뛰어난 병법가 위료(尉繚)가 진시황에게 6국의 합종책을 방지할 방법으로 각국의 재상을 뇌물로 구워삶으라는 계책을 간언한다. 진시황이 아울러 이 계책도 받아들이면서 6국의 합종을 효과적으로 방지할 통로를 마련한 것이다.

이제 이사는 한나라를 집중 공략한다. 급해진 건 한나라. 진시황 13년, 한비는 진나라로 사신을 와서 죽고, 진나라를 약화시키겠다는 한나라의 계획은 실패로 끝난다. 한비나 한나라가 생각했던 것과는 다르게 이사는 통일이라는 더 큰 계획을 마련했고 한나라는 전체적인 틀을 읽지 못했다. 한비가 이를 알았다고 해도 역부족이었다고 해야 옳을 것이다. 한비의 전 생애는 진나라가 거대한 힘으로 동쪽으로 밀려오는 시기였고 한나라는 힘을 잃어 가는 때였다. 더구나 각국 모두 조정 내부에서 친진파(親秦派)와 자주파로 갈려 각자 도생하기 바빴으니 한비가 그렇게 경고했던 조정 안팎의 불길한 조짐들이 동시다발적으로 일어나고 있었다. 한비는 한나라가 위기에 몰리던 시기에 태어나 위기의 원인을 분석하고 대책을 마련하는 데 골몰해 '통치란 무엇인가'라는 문제에 새로운 통찰력을 보여 주었지만 시대의 대세는 또 다른 문제였다. 시대는 통찰했지만 구원하지는 못했다는 난세의 역설이라고 할까.

2장 _ 한비의 문장

「세난」 주석 비교

한비자의 글이 좋다 했으니 그의 글을 읽고 주석가들의 의견을 살펴보도록 하자. 현대의 한비자 연구가 천치유(陳奇猷)는 『한비자신교주』(韓非子新校注)에서 주요 주석가를 섭렵하면서 '구주'(舊注)라고 표시한 글을 보여 준다. 구주란 당나라 때의 이찬(李瓚)의 주석과 당나라 이전 위진(魏晉) 시기 위(魏)나라 때의 유병(劉昞)의 주석을 말한다. 유병의 주석은 일부만 전한다. 한나라 때부터 주요 유교 경전에 주석 작업이 이루어진 데 비해 『한비자』 주석은 생각보다 늦다. 원나라와 명나라에도 『한비자』에 관심을 갖고 기록한 책이 보이지만 청나라 때 와서야 고증학자들의 손에 상세한 검토가 이루어진다. 왕선겸(王先謙)에 의해 집대성된 것이 『한비자집해』(韓非子集解)다.

일본에 『한비자』 연구가 많다. 에도 시대에 연구열이 높았다. 에도 시대 영향력이 컸던 대유(大儒) 오규 소라이(荻生徂徠)의 저명한 「한비자를 읽다」(讀韓非子)를 필두로 『한비자』가 부상한 후 여러 주석가들이 『한비자』에 주석을 달았다. 특히 선배와 당대 주석가들의 견해를 참고해 받아들이고 고서(古書)를 검토해 일가를 이룬 오다 가타(太田方)의 『한비자익취』(韓非子翼毳)는 빼어난 저작으로 명성이 높다. 에도 시대 『한비자』 연구가 상당한 수준에 올라 메이지 시대가 이어졌을 때 서구 문물과 접촉하면서 부국강병을 이룰 수 있었던 사상적 배경으로 『한비자』 학습을 꼽는 사람들이 있을 정도였다.

사마천이 명문으로 보고 전문을 인용했던 「세난」의 앞부분을 읽으면서 구주와 그 밖의 주석, 오다 가타의 주석 몇 개를 비교해 보자. 길고 번거로워 읽기 괴롭지만 옛사람들의 공부와 학문 방법을 엿보는 기회가 될 수 있다. 한비가 명문장가라 할 때 무슨 의미인지 파악할 수 있는 한 가지 길이기도 하다.

세난(제12)

무릇 유세는 어렵다. 내가 아는 것을 상대방에게 설득하는 게 어려운 것이 아니고, 또 내가 말을 잘해서 내 뜻을 명확히 하기 어렵다는 것도 아니고, 또 내가 종횡무진 자유롭게 말해 남김없이 다 말하는 게 어렵다는 것도 아니다. 무릇 유세의 어려움이란 내가 설득하려는 상대의 마음에 내가 하는 말이 딱 들어맞느냐에 있다. 내가 유세하는 상대가 명예를 높이는 데 마음을 두고 있는데 그에게 큰 이익으로 유세한다면 격이 낮아 비천한 일만 상대한다고 여겨 반드시 [나를] 멀리 내칠 것이다. 내가 유세하는 상대는 큰 이익을 얻는 것에 마음을 두었는데 명예를 높이는 일로 그에게 유세한다면 아무 생각 없이 세상 물정에 어둡다고 여겨 절대 내 말을 거두지 않을 것이다. 내가 유세하는 사람이 마음속으로는 큰 이익을 추구하면서 겉으로는 명예를 높이는 사람인데 그에게 명예를 높이는 일로 유세한다면 겉으로는 유세가를 받아들이는 것 같으면서도 실상은 멀리할 것이며 큰 이익을 추구하는 일로 유세한다면 속으로는 그의 말을 쓰면서도 겉으로는 그 사람을 버릴 것이다. 이는 살피지 않을 수 없다.

① 說難(第十二)

② 凡說之難, ③ 非吾知之, 有以說之之難也; ④ 又非吾辯之, 能明吾意之難也; ⑤又非吾敢橫失, 而能盡之難也. ⑥ 凡說之難, 在知所說之心, 可以吾說當之. ⑦ 所說出於爲名高者也, 而說之以厚利, 則見下節而遇卑賤, 必棄遠矣. ⑧ 所說出於厚利

者也, ⑨ 而說之以名高, 則見無心而遠事情, 必不收矣. ⑩ 所說陰爲厚利而顯爲名高者也, ⑪ 而說之以名高, 則陽收其身而實疏之, 說之以厚利, ⑫ 則陰用其言顯棄其身矣. ⑬ 此不可不察也.*

주석

① 說難(第十二)

○ 구주(舊注): 무릇 유세에는 거스르거나 잘 들어맞는 기틀이 있으므로 잘 들어맞으면 복을 부르고 거스르면 화를 만든다. 털끝만큼의 실수가 천리의 차이를 낳는 법이다. 이 때문에 유세가 어렵다고 한 것이다.[夫說者有逆順之機, 順以招福, 逆而制禍, 失之毫釐, 差之千里, 以此說之所以難也.]

○ 오다 가타(太田方)의 주: 임금의 마음은 갈래가 많아 한 가지가 아닌데 신하된 사람은 충성스런 마음을 자부하면서 잘못된 마음을 곧게 하고 바로잡으려 하니 임금은 절대 그의 말을 듣거나 쓰지 않는다. 무릇 도를 품고 충성하는 선비는 마음은 나라를 잘 다스리는 방도에 두고 의도는 임금

* 인용한 원문은 건도본(乾道本)이다. 『한비자』도 여러 판본 문제가 있는데 후세에 우수한 판본으로 인정되어 통용되는 저본은 송나라 건도(乾道) 연간에 간행된 세칭 건도본(乾道本)이다. 사마천이 읽은 『한비자』는 당연히 한나라 때 통용되는 판본이어서 건도본과 글자 출입이 있다. 주석에서 검토될 것이다.

을 깨우치는 데 있다. 그렇기에 자세하고 간절하게 말해 임금이 깨우치기를 바란다. 이 때문에 잘못된 일이 생겼을 때 깨끗한 선비의 처지에서 보자면 부끄러워할 일인 듯하기도 할 것이다. 그렇더라도 진심을 바치는 마음에 어찌할 수 없어 말하는 것이다. 읽는 사람들은 장점을 파악해야 된다.[凡人主之情, 多端不一, 爲人臣者, 自負忠誠之心, 欲直格非心, 必不聽用也. 夫抱道懷忠之士, 心存乎治術, 意在於喩君. 故委曲切切, 冀其覺悟也. 是以有時汙卑, 自清潔之士觀之, 似若可羞也. 雖然亦效忠之心有所不得已焉. 讀者取其長可也.]*

② 무릇 유세는 어렵다.[凡說之難]

오다 가타의 주: 『순자』(荀子) 「관상술 비판」[非相] 편에 "무릇 유세의 어려움은 지극히 낮은 견해가 지극히 높은 견해를 만났을 때, 최고의 통치술을 품은 견해가 지극히 어지러운 상태와 부닥쳤을 때 생긴다. 이럴 때는 직설적으로 상대에게 말해서는 안 된다"라고 하였다. 이 「세난」 편은 스승의 말씀에 근거를 두었다.[荀子非相篇云, "凡說之難, 以至卑遇至

* 오다 가타의 주석은 전국시대 유세객이 임금에게 유세하는 것으로 읽지 않고 신하가 임금에게 간언하는 어려움으로 바꿔 읽었다. 시대 변화를 감안한 것인데 고전의 당대적 독해라는 점에서 흥미롭다.

高, 以至治接至亂, 未可直至也." 是說難本於師說矣.]**

③ 내가 아는 것을 상대방에게 설득하는 게 어려운 것이 아니고,[非吾知之, 有以說之之難也]

○ 구주: 모르고 유세를 하면 진심이라 할지라도 의심을 받는다. 그러므로 내가 아는 것으로 설득하는 것이 어려운 게 아니라고 말했다.[不知而說, 雖忠見疑, 故曰非吾知之說之難也.]

○ 청(淸)나라, 왕선신(王先愼)의 주: 구주는 확실히 잘못되었다. [맨 앞의] "범세지난"(凡說之難) 네 글자는 한 편 전체를 총괄해 이끄는 말이고, "비오"(非吾)로 시작하는 세 구절은 또 유세의 어려움이란 원래의 의미를 별도로 기술했으며, 다시 "범세지난"(凡說之難)이란 말로 본문의 논점을 제기했다. 이 구절은, 사리를 알면 시비를 설득할 수 있으므로 이는 내게 어려운 게 아니라는 말이다.[舊注固失 … "凡說之

** 오다 가타의 안목을 보여 주는 주석이다. 여기서 스승은 순자를 가리키는데, 한비가 순자의 제자라는 사실은 누구나 알고 있지만 구체적으로 어떤 생각을 계승했는지 실증적으로 제시하며 의견을 피력한 경우는 많지 않다. 한비가 언제 어떤 기회로 순자를 찾아가 얼마 동안 공부했는지 『순자』나 『한비자』에 직접적인 증거가 없기 때문에 실증적인 측면에서 사제관계를 의심하는 사람도 있다. 오다 가타의 주석은 그런 면에서 사제관계를 증명하는 글이기도 하다. 오다의 주석이 높이 평가받는 이유 가운데 하나다. 오다의 수준 높은 식견은 『순자』 연구가 상당한 경지에 이른 일본의 학문 수준과도 관련이 있을 것이다.

難"四字總挈一篇, "非吾"三句又別說難本意, 再以"凡說之難"引起正文. 此言知其事理則能說其是非, 此非吾所難也.]

○ 오다 가타의 주: 내 지혜로 임금을 설득하는 일, 이것이 어려운 게 아니다(라는 말이다).[吾智慧以說人主, 是非其難者也.]

④ 또 내가 말을 잘해서 내 뜻을 명확히 하기 어렵다는 것도 아니고,[又非吾辯之, 能明吾意之難也]

○ 구주: 내 비록 스스로 여러 번 해명해 밝힐 수는 없지만, 내가 설득하고자 하는 뜻을 명확하게 할 수 있다면 이와 같은 경우 만에 하나라도 잘못하지 않을 것인데 이렇게 하는 방법이 어려운 것이다.[吾雖不自辯數, 則能明吾所說之意, 如此者萬不失一, 有所以則爲難也.]

○ 청, 노문초(盧文弨)의 주: 『사기』「한비전」에는 본문 "변지"(辯之) 다음에 "난"(難)이라는 글자가 있다. 군더더기 글자다. 구주의 "유소이즉위난야"(有所以則爲難也)라는 글에서 "즉"(則)은 "명"(明)으로 써야 한다.* ["辯之"下史記韓非傳有"難"字, 衍. 注, "有所以則爲難也", "則"當作"明".]

○ 청, 왕선신의 주: 이 문장은 변론을 통해 내 뜻을 명석하

* '명'(明)으로 바꾸면, 이 문장은 "명확하게 하는 방법이 어려운 것이다"라고 해석된다.

게 하는 일이 또 어려운 것은 아니라는 말이다. 구주는 잘못됐다.[此言辯論能令吾意明晰又非所難也. 舊注非.]

○ 오다 가타의 주: 『사기』에는 본문 "능"(能) 앞에 "난"(難)이 있다. 잘못된 글자다. ○ 내가 말을 잘해서 상대방에게 내 뜻을 명확하게 깨우쳐 주는 것이 또 어려운 일은 아니다.[史記"能"上有"難"字, 非. ○吾辯辭以明諭吾意於彼, 又非其難者也.]

⑤ 또 내가 종횡무진 자유롭게 말해 남김없이 다 말하는 게 어렵다는 것도 아니다.[又非吾敢橫失, 而能盡之難也]

○ 구주: 내가 설득하는 말은 이치를 따르는 뻔한 말이어서도 안 되고 감히 제멋대로 마음대로 하는 것도 아니니 그 뜻을 남김없이 다 밝힐 수 있을지 또다시 어려움이 있는 것이다.[吾之所說, 其不可循理, 非敢橫失, 能盡此意亦復難有.]

○ 청, 고광기(顧廣圻)의 주: "실"(失)은 『사기색은』(史記索隱)에서 이 부분을 인용한 것에 의거해 "일"(佚)로 써야 한다. 생각건대, "실"(失)과 "일"(佚)은 같은 글자다. 때문에 『사기』에서 "실"(失)은 "일"(佚)로 쓴 것이다. [⋯] 뒤의 문장에, "그런 연후에 자기 생각과 변론을 끝까지 내달려"라고 쓴 글이 보이는데 이 구절의 뜻이다. 구주 역시 잘못 해석했다. ["失"當依索隱引此作"佚", 史記作"失". 案佚·失同字, 故史記以

失爲佚 […] 下文云"然後極騁智辯焉", 即此句之義也. 舊注亦誤.]

○ 오다 가타의 주: "실"(失)이 어떤 글에는 "일"(佚)로 쓰였다. ○ "실"(失)과 "일"(佚)은 고서에서 왕왕 통용한다. "감"(敢)은 무릅쓴다는 말이다. 감히 의론을 자유롭게 펼치며 할 말을 다해 언사를 남김없이 말하는 것이 또 어려운 것은 아니라는 뜻이다. 진정 어려운 것은 바로 다음 문장에 보인다.[失一作佚. ○失·佚古書往往通用. 敢, 冒昧之辭. 言敢言橫議逸馳, 能盡其辭, 又非其難者也. 其所難者, 正在下文也.]

⑥ 무릇 유세의 어려움이란 내가 설득하려는 상대의 마음에 내가 하는 말이 딱 들어맞느냐에 있다.[凡說之難, 在知所說之心, 可以吾說當之.]

○ 구주: 유세하는 상대방의 마음을 이미 안다면 마음대로 말을 할 수 있다. 그러므로 유세하는 상대방에게 합당할 수 있다.[旣知所說之心, 則能隨心而發唱, 故所說能當.]

○ 오다 가타의 주: 임금의 마음을 알 수 있어 내 말로 그에게 들어맞게 해 상대방의 마음을 흡족하게 할 수 있다, 이것이 매우 어려운 것이라는 말이다. 무릇 유세의 어려움은 바로 여기에 있다.[言能知人主之心, 以吾說當之, 以愜彼意. 是其甚難者也. 凡說之難, 正在於此也.]

⑦ 내가 유세하는 상대가 명예를 높이는 데 마음을 두고 있는데 그에게 큰 이익으로 유세한다면 격이 낮아 비천한 일만 상대한다고 여겨 반드시 [나를] 멀리 내칠 것이다.[所說出於爲名高者也, 而說之以厚利, 則見下節而遇卑賤, 必棄遠矣]

○ 구주: 유세하는 상대방이 명예를 높이는 데 마음을 두었는데 큰 이익으로 설득하면 상대는 내 뜻과 절개가 낮다고 생각해 천하게 대우할 것이다. 또 천하게 대우한 뒤에는 반드시 버려져 멀어지게 된다.[所說之人意在名高, 今以厚利說之, 彼則爲己志節凡下, 而以卑賤相遇. 亦旣賤之, 必棄遺而疏遠矣.]

○ 청, 노문초의 주: 구주의 "위기"(爲己)는 "위기"(謂己)로 써야 한다.[注"爲己"當作"謂己".]

○ 청, 왕선신의 주: "위"(爲)와 "위"(謂)는 같은 글자다.[爲·謂字同.]

○ 오다 가타의 주: "출(出)은 처하다[處]와 같은 말이다. 『사기』「예서」(禮書)에, "선비가 죽음의 자리에 처해 절개를 구하는 것인 줄 누가 알겠는가"[孰知夫士出死要節]라는 문장이 보이는데 『사기정의』(史記正義)는 "'출사'(出死)는 '처사'(處死)와 같은 말이다"라고 풀이했다. 내가 유세하는 임금은 마음이 명예와 고상함에 있는데 그에게 큰 이익으로 설득한다면 유세하는 사람은 격이 낮은 사람으로 여겨져 비

천한 사람으로 상대 받게 될 것이다. 이와 같다면 확실히 버림받고 멀어지게 된다.

『관자』(管子) 「칠신칠주」(七臣七主)에 "헛된 명성으로 꾸미기 좋아하는 신하는 임금이 친밀하고 귀하게 여기는 신하보다 자신이 훌륭하다고 생각해 이를 명예[名]로 여기고, 작록에 마음이 흔들리지 않는다고 생각해 이를 고상함[高]으로 여긴다"라는 문장이 보이는데 바로 "명고"(名高)의 말뜻이다.

『문선』(文選)에 수록된 진(晉)나라 장협(張協, 원문의 경양景陽은 자)의 「잡시」(雜詩) 5에 "「양춘」(陽春)곡은 (고상해) 화음을 맞추는 사람이 없고, 「파인」(巴人)이란 노래에는 모두 박자를 맞추네[下節]"라고 했는데 이선(李善)은 "굴원(屈原)의 '초사'(楚辭)에, '겯말의 고삐를 잡고 천천히 간다'[下節]"라고 (같은 구절이 나온다고) 주석을 붙였다. "견하절"(見下節)을 '그가 절개가 낮은 것으로 보고'라고 풀이하는 것은 잘못이다. 『한비자』 「난언」(難言) 편에, "(제 말이) 겉만 화려하고 실속이 없다고 여겨질 것입니다"라고 했는데 바로 "견하절"(見下節)[격이 낮다고 여겨져]과 똑같이 쓰인 문장이다.*

* 견(見)이란 글자를 수동태를 나타내는 말로 보아야 한다는 주석이다. 정확한 해석이다.

"우비천"(遇卑賤)을 '비천함으로 그를 대우한다'는 말로 읽는 것은 잘못이다. 다음에 나오는, "세상 물정에 어둡다"[遠事情]라는 문장과 똑같은 글이다. 『순자』「관상술 비판」편에, "무릇 유세의 어려움은 지극히 낮은 견해가 지극히 높은 견해를 상대[遇]할 때"라고 한 문장과 동일한 글자다. "하절"(下節)은 "명"(名)에 대응하고 "비천"(卑賤)은 "고"(高)에 대응한다. [出猶處也. 『史記』「禮書」云 : "孰知夫士出死要節." 『正義』曰 : "出死猶處死也." 所說之主, 中心欲立名高者也. 然說之以厚利, 則彼見以爲下節而遇卑賤者也, 如是者必棄遠矣. 『管子』「七臣七主篇」云 : "飾臣克親貴以爲名, 恬爵祿以爲高." 卽是"名高"文字. 『文選』張景陽「雜詩」: "「陽春」無和者, 「巴人」皆下節." 善注 : "楚辭云 : '攬騑轡而下節.'" "見下節", 讀見其下節, 非也. 「難言篇」云 : "見以爲華而不實", 正與此一例文. "遇卑賤", 讀遇之以卑賤, 非也. 是如下文"遠事情"一例文. 『荀子』"以至卑遇至高", 同例字. "下節"應"名"字, "卑賤"應"高"字.]

⑧ 내가 유세하는 상대는 큰 이익을 얻는 것에 마음을 두었는데[所說出於厚利者也]

○ 오다 가타의 주: "후"(厚) 앞에 "위"(爲)가 빠진 것 같다.["厚"上疑脫爲字.]

⑨ 명예를 높이는 일로 그에게 유세한다면 아무 생각 없이 세상 물정에 어둡다고 여겨 절대 내 말을 거두지 않을 것이다.[而說之以名高, 則見無心而遠事情, 必不收矣]

○ 구주: 내가 유세하는 상대방은 마음이 큰 이익에 가 있는데 지금 명예 높이는 얘기로 설득한다면 이는 나를 보고 때를 살피는 마음이 없어 세상 물정과 멀리 떨어졌다고 여길 것이다. 이렇다면 확실히 버림받아 쓰이지 않게 된다.[所說之人意在厚利, 今以名高說之, 此則爲己無相時之心而闊遠事情矣. 如此, 則必見棄而不收矣.]

○ 청, 왕선신의 주: 이는 상앙이 진나라 효공에게 유세할 때 제왕을 가지고 얘기한 방법이다. 때문에 효공은 화를 내고 상앙을 쓰지 않았다.[此商鞅說秦孝公以帝王, 故怒而不用是也.]

○ 오다 가타의 주: 내가 유세하는 임금은 마음으로는 큰 이익을 얻고 싶어 하는 사람인데 명예와 고상함으로 설득한다면 유세하는 사람은 아무 생각 없는 사람으로 여겨져 세상의 실상에서 멀리 떨어졌다고 보일 것이다. 이렇다면 절대 쓰이지 않는다. "사정"(事情)의 정(情)은 실상이라는 말이다.[所說之主, 中心欲得厚利者也. 然說之以名高, 則彼見以爲無心而闊遠事情者也. 如是者必不收用矣. 情猶實也.]

⑩ 내가 유세하는 사람이 마음속으로는 큰 이익을 추구하면서 겉으로는 명예를 높이는 사람인데[所說陰爲厚利而顯爲名高者也]
○ 오다 가타의 주: 『사기』에서는 “음”(陰)이라는 글자를 “실”(實)로 썼다.[『史記』“陰”作實.]

⑪ 그에게 명예를 높이는 일로 유세한다면 겉으로는 유세가를 받아들이는 것 같으면서도 실상은 멀리할 것이며 큰 이익을 추구하는 일로 유세한다면[而說之以名高, 則陽收其身而實疏之, 說之以厚利]
○ 오다 가타의 주: 『사기』에서는 “세”(說) 앞에 “자”(者)가 있다. [『史記』“說”上有者字.]

⑫ 속으로는 그의 말을 쓰면서도 겉으로는 그 사람을 버릴 것이다.[則陰用其言顯棄其身矣]
○ 구주: 내가 유세하는 사람이 속으로는 몰래 큰 이익을 위하는데도 겉으로 드러내 놓고 명예가 높아지길 위하는데 지금 그 외면만 보고 명예 높이는 길로 유세한다면 상대방은 겉으로 유세한 사람을 거두어들이겠지만 속으로는 실상 소원하게 대할 것이다. 상대방의 속마음을 잘 살펴 알아내서 큰 이익으로 유세하면 상대방은 사사로이 그 사람의 말을

쓰면서 겉으로는 분명히 그 사람을 버리고 명예가 높다고 꾸며 줄 것이다.[所說之人, 內陰爲厚利, 外陽爲名高, 今見其外說以名高, 彼雖陽收其身, 內實疏遠, 若察知其內, 說以厚利, 則私用其言, 外明棄其身以飾其名高也.]

○ 청, 왕선신의 주: 겉으로는 사람을 거두면서도 실상은 멀리하는 경우는, 예컨대 제(齊)나라 선왕(宣王)이 중원의 나라로 진출하고 싶으면서도 맹자에게 교육할 건물을 지어 주겠다고 한 일[『맹자』「양혜왕梁惠王 상上」에 보인다]이 해당한다. 속으로는 의견을 채택하면서도 겉으로는 그 사람을 버린 경우는, 예컨대 진(晉)나라 문공(文公)이 벼슬을 주면서 옹계(雍季)를 먼저 주고 구범(舅犯)을 나중에 준 일[『한비자』「난일」難一 편에 보인다]이 해당한다.[陽收其身而實疏之, 如齊宣王欲中國而授孟子室之類. 陰用其言顯棄其身, 如晉文公行爵先雍季而後舅犯之類.]

○ 오다 가타의 주: 『사기』에는 "음"(陰)이라는 글자를 "실"(實)로 썼다.[『史記』"陰"作實.]

구주의 설명이 생각보다 독특해서 눈길을 끈다. 구주만 읽어서는 어떤 성격인지 잘 드러나지 않는데 다른 주와 함께 배치하니 성격이 뚜렷하다. 구주는 글자의 출입이나 고증, 잘못된 쓰임 등은 관심 없고 텍스트의 요지가 어떻다는 것, 즉 의미를 풀어 주는 데 집중했다. 부연 설명하는 소박한 주석이라는 점에서 독특하다. 청나라 고증학자들이 근거를 대고 해석을 정밀하게 했다. 청대 학자들이 글자 하나하나 근거를 가져와 고증하는 방식은 인상적인데 여기서는 상대적으로 덜하다. 한비의 글이 명료해 읽는 데 큰 무리가 없어서일 것이다. 오다 가타의 주석이 상세하고 치밀한데 고서(古書)를 섭렵한 데서 오는 장악력이 위력을 발휘했기 때문이다. 고증학보다 더 나아간 지점이 있다고 생각될 만큼 한 자 한 자 뜯어 읽는 자세가 매섭다.

「세난」 분석

주를 읽어 보았으므로, 사마천이 왜 한비의 문장이 뛰어나다고 했는지 문장을 분석해 추측해 보자.

한비는 먼저 전체를 총괄하는 주제를 제시한다.

凡說之難:

그다음, 어려움이 무엇인지 구체적으로 제시한다.

非吾知之, 有以說之之難也;

又非吾辯之, 能明吾意之難也;

又非吾敢橫失, 而能盡之難也.

세 문장의 대구가 정연하다. 문장의 틀(非~也)이 이미 짜여졌으므로 중간에 글자 수나 길이를 자유롭게 조정할 수 있다.

凡說之難, 在知所說之心, 可以吾說當之.

다시 총괄했던 문장을 가져오지만 어려움이 무엇인지 설명했으므로 한 단계 더 나아가 진정한 어려움을 드러내면서 글의 핵심으로 들어간다.

유세의 어려움이란 결국 상대방의 심리를 파악해야 한다는 것. 옛사람들은 이를 정리(情理)라 했다. 임금의 정리를 모를 때 유세하는 사람은 임금의 역린(逆鱗)을 건드려 죽을 수도 있다. 정리를 모를 때의 무서운 결과를 다음 문장에서 선명하게 보여 준다.

所說出於爲名高者也, **而說之**以厚利, **則**見下節而遇卑賤, 必棄遠矣.

所說出於厚利者也, **而說之**以名高, **則**見無心而遠事情, 必不收矣.

所說陰爲厚利而顯爲名高者也, **而說之**以名高, **則**陽收其身而實疏之, 說之以厚利, 則陰用其言顯棄其身矣.

인간 심리의 각 부면을 통찰한 글이다. 사람은 겉과 속이 다르며 다른 모습으로 위장까지 할 수 있기 때문에 상대방의 마음을 읽기 어렵다는 사실을 절묘하게 표현했다. 문장 길이가 다르지만 이 역시 문장의 틀을 만들었기(所說~而說之~則~) 때문에 안정된 틀 안에서 자유자재로 문장의 길이를 운용할 수 있다. 세번째 문장은 속마음과 겉으로 드러내는 엇갈리는 마음의 미묘한 움직임을 양(陽)/실(實), 음(陰)/현(顯)으로 다르게 써서 문장에 색채를 더했다.

그리고 이 문단의 결론, 이만한 심리적 통찰력을 보여 주었으니 받아들이지 않을 수 없다.

此不可不察也.

이 책에서 한문 원문을 인용할 때는 구두점을 찍어 문장을 일목요연하게 정리했지만 원문은 아무 구두점이 없다. 독자가 알아서 문장을 정확하게 끊어 읽어야 한다. 그런 까닭에 쓰는 사람은 읽는 사람이 제대로 읽을 수 있도록 규칙적이고 매끄럽게 문장의 호흡과 리듬감을 주어야 한다. 기계적으로 글자 수를 맞추기만 해서도 안 되고 마구잡이로 문장을 흐트려도 좋지 않다. 앞서 문장의 틀을 만들었다고 한 말도 이 뜻이었다. 주제를 제시해서 독자가 무슨 테마를 다루는지 준비하는 일이 우선이다. 다음에 부연 설명을 하되 "**非**吾知之, 有以說之之難**也**"라는 문장을 써서 '非 ~ 也'라는 문틀로 진행됨을 알린다. '非 ~ 也'라는 문틀이 눈에 익기 때문에 이 형식 안에서는 어떤 긴 문장도 쓸 수 있다.

소세(所說)로 시작하는 세 문장도 마찬가지다. 마음을 알기 어렵다는 말을 꺼냈으니 어떠한 마음이 움직이는지 보여 주어야 한다. "소세"(所說)로 시작하여 "의"(矣)로 끝나는 3개의 문장은 모두 "무릇 유세의 어려움은 내가 설득하려는 상대의 마음에 내가 하는 말이 딱 들어맞느냐에 있다"[凡說之難, 在知所說之心, 可以吾說當之]라는 문장에 부속되면서 다른 마음의 상태를 보여 준다. 마음이 다르니 문장도 다르게 표현되어야 마땅하다. 한비는 문장을 다르게 써서 다른 마음의 상태를 상응하는 다른 문장으로 보여 줬다.

문장은 형식이 전부는 아니다. 틀 안에 뛰어난 내용을 담아야 명문이 된다. 뛰어난 내용이란 상식선에서 예측할 수 있는 뻔한 진술이어서는 곤란하다. 한비는 인간의 심리를 꿰뚫어 보았다. 그의 탁월한 통찰력이 안정된 형식에 담겼기에 명문이 된 것이다. 주목하는 곳은 문장 내용이지만 명문이냐 아니냐를 따질 땐 리듬을 담는 형식이 필요하다. 좋은 문장은 형식에 대한 자각이 뚜렷하다. 한문 고전문장의 경우, 의식적으로 문장의 형식과 리듬, 틀에 주의해 읽어야 한다. 다음에 내용을 파악해도 늦지 않다. 고전문장 특유의 음악성을 고려하지 않고 내용 중심으로 읽고 주제만 따지는 버릇 때문에 문장을 감상하는 즐거움과 여유가 사라진다. 이 글은 한 문단에 불과하지만 읽는 리듬감이 명확히 드러나면서 기계적이지 않고 여유롭다. 군더더기 없이 자신이 하고 싶은 말을 다 했다. 읽는 쾌감이 적지 않지만 쉽게 쓸 수 있는 글이 아니다.

송나라의 대사상가 주희(朱熹)조차 『주자어류』에서 『한비자』를 두고 이런 평가를 내렸다. "이치가 명확해진 다음 신불해와 한비의 글을 읽는다면 또한 얻는 게 있을 것이다. 기술[術]에 관해서는 한비의 「세난」에 이르러서는 정밀함이 최고의 경지라 하겠다"[理明後, 便讀申韓書亦有得. 術至韓非說難, 精密極矣]. 이치에 밝아야 한다고 단서가 붙고, 또 술(術, 테크닉)이라고 유보적인 표현을 쓰긴 했지만 주희도 한비의 통찰력을 알아보았던 것이다. 왜 아니겠는가.

2부

한비자의 문제의식

韓非子

1장 _ 군신관계와 통치론

『한비자』는 모두 55편이다. 55편은 주요 사상을 중심으로 몇 가지 그룹으로 묶을 수 있다. 주요 사상의 갈래들을 어떻게 보느냐에 따라 『한비자』를 읽는 방식이 달라진다. 여기서는 그의 사회정치사상을 중심에 두는 독법으로 접근하기로 한다.

현실인식 : 군신관계는 불신이 기본

먼저 국가의 문제와 현실을 보는 한비의 안목을 살펴봐야 한다. 현실인식이라고 흔히 쓰는 말이다. 한비의 전에서도 사마천이 언급했지만 한비는 조국 한나라가 외국의 침입을 받아 전쟁에 패하고 영토를 빼앗기는 수모를 당하는 꼴을 지켜봐야 했다. 그 자신이 공자(公子)의 신분으로 정치에 관심을 두지 않을 수 없는데 그의 건의는 무시되기 일쑤였다. 그의 사고는 그가 겪은 현실과 풍파에 기인한다. 조국에서 벌어진 상황을 비판적으로 언급하며 그에 대응하는 방식을 쓴 글이 현실인식이라는 큰 주제 아래 엮일 수 있다.

『한비자』의 몇몇 글을 통해 윤곽을 그려 보자. 「팔간」(八姦)은 군주를 침해하는 간사한 무리를 말한다. 「십과」(十過)는 국가와 군주를 망가뜨리는 잘못 열 가지를, 「간겁시신」(姦劫弑臣)은 임금을 해치는 신하를 구체화한다. 나쁜 무리일 뿐 아니라 임금을 겁박하고 심지어 죽이기까지 한다는 말이다. 어조가 격렬하다. 왕을 해치는 세력은 신하뿐 아니다. 「비내」(備內)에서는 궁중 안의 후비(后妃)와 부인(夫人), 적자(嫡子)와 공자(公子)도 경계 대상이다. 한비 자신 공자였기에 궁중 내부를 알 수 있었다. 공자와 적자와의 갈등, 공자와 적자의 어머니들 사이의 시기와 질투, 왕의 자식 가운데 누구를 적자로 정할 것인지를 두고 신하들 간에 벌어지는 권력 암투, 이 모든 일은 임금의 통치기반을 약화시킨다는 것이 한비의 생각이다. 「식사」(飾邪)는 사악함을 경계[飾]하라는 뜻으로, 여기서 사악함이란 점복, 점성술 등의 신앙을 말한다. 한비의 합리적 사고가 잘 드러난 부분이다. 군주를 경계한 글은 이것 외에도 「설의」(說疑)가 있다. 간신과 현인은 뚜렷이 드러나지 않는 법이다. 구분이 명확하다면 무슨 어려움이 있겠는가. 간신과 현인의 실상과 명성을 드러내 혼동을 방지하는 성격의 글이다. 한비의 현실인식은 「오두」(五蠹)에서 명확히 드러난다. 나라를 좀먹는 다섯 종류의 벌레를 비유해 국가가 어지러워지는 이유를 해명했다.

「안위」(安危)는 국가의 위기를 극복하는 방법을 포괄적으로 논의한 글이다. 이는 후에 통치술에서 정교하게 다듬어진다. 동일한 문제의식이 「삼수」(三守)라는 짤막한 글에서 되풀이되는데 임금이 지켜야 할 세 가지 핵심사항을 언급하면서 제대로 시행되지 못할 때 신하들에게 살해당할 것이라 경고한다.

한비의 현실인식은 무섭다. 그는 국가의 존망을 기준으로 얘기한다. 번영과 부강 이전에 존립을 문제 삼는다. 안이할 수 없다. 약소국이라는 현실적 여건과 실제로 입은 피해가 한비의 사고를 위기의식으로 몰아갔을 것이다. 국가의 존망뿐만 아니다. 국가의 중심에는 임금이 존재한다. 임금은 상징적 존재가 아니다. 권력을 실제로 행사해 국가를 존망과 직결시키는 행위자다. 그는 신하들, 궁중 내 여러 세력들에 둘러싸여 그들과 대립한다. 한비의 생각이 독특한 까닭은 군신관계를 대립으로 본다는 데 있다. 임금이 권력을 사용하지 않으면 그 권력은 신하에게 돌아간다. 반드시 신하를 통제해야 한다. 아니면 임금의 목이 달아난다. 군신관계가 살벌하다. 둘

사이의 긴장관계가 통치의 본질이라는 것. 인간적 신뢰, 그런 걸 몰라서가 아니다. 군신관계는 공적인 관계이고 공적인 관계에 감정은 끼어들 여지가 없다고 생각했다.

국가를 다스리는 일은 공공성 그 자체. 사사로움이 개입해서는 안 된다. 한비에게 정치는 공(公)이었기 때문에 이를 화두로 그의 사상이 전개된다. 공을 어떻게 확립할 것인가가 한비에겐 중요한 문제다. 임금은 공(公)을 실행하는 사람이었고 공은 통치의 다른 이름이며 왕이 통치의 근거였기 때문에 한비에게 왕은 사유의 중심이다. 개인으로서 왕을 상정한 것이 아니라 왕이라는 정치체제, 제도로서의 왕, 통치체제의 근간으로서 논의한 것이다. 공(公)을 실행하는 중심인 데다 잘못하면 목이 날아가는 자리이니 왕이 긴장하지 않을 겨를이 어디 있겠는가.

현실에 방점을 찍은 글들을 일별해 보면 군주를 중심으로 사람이 모이고 그들은 통제되지 않으면 임금을 해친다는 구도로 일관한다. 이런 위기상황에서 임금은 어떻게 행동해야 하는가, 그것이 한비의 고민이었고 그 해답으로 내놓은 것이 법이다. 위에 나열된 글에서는 원칙으로서 법을 언급하면서 법을 주지시키고 본격적으로 논의할 기초로 삼는다.

「비내」: 임금의 환난은 사람을 믿는 데 있다

그의 목소리를 들어 보자. 「비내」(備內) 편에서 한비는 말한다.

> 임금의 환난은 사람을 믿는 데 있다. 사람을 믿으면 남에게 제압당한다. 신하는 임금에게 골육지친이 아니다. 권세에 얽매여 어쩔 수 없이 섬길 뿐이다. 그러므로 신하들은 임금의 마음을 엿보느라 잠시도 쉴 틈이 없는데 임금은 태만하고 거만을 부리며 그 위에 앉아 있다. 이것이 세상에 임금을 위협하고 살해하는 일이 생기는 까닭이다. 임금된 사람이 자기 자식을 지나치게 믿으면 간신이 그 자식의 마음을 얻어 자기 사심(私心)을 채운다. [⋯]
>
> 또 만승의 나라와 천승의 나라에서 후비나 부인, 태자가 된 적자가 임금이 일찍 죽기를 바라는 일조차 있다. 어떻게 그런 줄 아는가. 무릇 아내는 골육의 은혜가 있는 사람이 아니다. 사랑하면 친하고 사랑하지 않으면 멀어진다. 속담에, '어미가 예쁘면 그 자식을 안아 준다'고 했다. 그렇다면 반대가 될 경우 어미가 미우면 그 자식을 버린다는 말이다. 남자는 나이가 쉰이 되어도 호색(好色)하는 마음이 사라지지 않는다. 여자는 나이 서른이 되면 미색이 허물어진다. 허물어진 미색을 가진 부인이 호색하는 남자를 섬긴다면 그 사람

은 멀어지고 천한 대접을 받으며 자식은 뒤를 잇지 못할까 의심한다. 이것이 후비·부인이 임금이 죽기를 바라는 이유다. 오직 어미가 태후가 되고 자식이 군주가 되기만 하면 어떤 명령도 행해지지 않는 게 없고 어떤 금지를 내려도 [신하들은 그에 따라] 그만두지 않는 것이 없으며 남녀의 즐거움도 옛 임금에 비해 덜하지 않을 것이고 만승의 나라를 맘대로 해도 의심받지 않을 것이다. 이것이 임금을 독살하고 몰래 목 졸라 죽이는 이유다. 그러므로 초(楚)나라 역사책 『도올춘추』(檮杌春秋)에, "임금 중에 병으로 죽는 사람은 반도 안 된다"라고 했다. 임금이 이를 알지 못하면 난이 일어나는 수많은 빌미가 된다. 그러므로 말한다. '임금의 죽음으로 이익을 얻는 사람이 많을수록 임금은 위태롭다.'

그러므로 조(趙)나라의 마부 왕량(王良)이 말을 아끼고 월왕(越王) 구천(句踐)이 사람을 아낀 것은 전쟁을 잘하고 말을 잘 달리도록 하기 위해서였다. 의사가 남의 상처를 잘 빨고 남의 피를 입에 머금는 것은 골육의 친밀함이 아니라 이익이 더해지기 때문이다. 그러므로 수레 만드는 사람은 수레가 완성되면 사람들이 부귀해지기를 바라고 목수는 관이 완성되면 사람들이 요절하고 죽기를 바란다. 수레 만드는 사람은 인자하고 목수는 남을 해하려는 사람이어서가 아니다. 사람들이 귀해지지 않으면 수레가 팔리지 않고 사람들이 죽지 않으면 관을 사지 않는다. 본심이 남을 미워하는 게 아니라 사람의 죽음에 이익이 달려 있기 때문이다. 그러므로 후비·부인·태자의 패거리가 만들어지고 임금이 죽기를 바란다. 임금이 죽지 않으면 권력이 [자신에게] 무거워지지 않는다. 본심이 임금을 미워하는 게 아니라 임금의 죽음에 이익이 달려 있기 때문이다.

人主之患在於信人, 信人, 則制於人. 人臣之於其君, 非有骨肉之親也. 縛於勢而不得不事也. 故爲人臣者, 窺覘其君心也無須臾之休, 而人主怠傲處其上, 此世所以有劫君弑主也. 爲人主而大信其子, 則姦臣得勝於子以成其私 [⋯] 且萬乘之主·千乘之君, 后妃·夫人·適子爲太子者, 或有欲其君之蚤死者, 何以知其然. 夫妻者, 非有骨肉之恩也, 愛則親, 不愛則疏. 語曰 : "其母好者其子抱." 然則其爲之反也, 其母惡者其子釋. 丈夫年五十而好色未解也, 婦人年三十而美色衰矣. 以衰美之婦人事好色之丈夫, 則身見疏賤, 而子疑不爲後, 此后妃·夫人之所以冀君之死者也. 唯母爲后而子爲主, 則令無不行, 禁無不止, 男女之樂不減於先君, 而擅萬乘不疑, 此鴆毒扼昧之所以用也. 故檮杌春秋曰 : "人主之疾死者不能處半." 人主弗知, 則亂多資. 故曰 : 利君死者衆, 則人主危. 故王良愛馬, 越王句踐愛人, 爲戰與馳. 醫善吮人之傷, 含人之血, 非骨肉之親也, 利所加也. 故輿人成輿, 則欲人之富貴, 匠人成棺, 則欲人之夭死也. 非輿人仁而匠人賊也, 人不貴, 則輿不售, 人不死, 則棺不買. 情非憎人也, 利在人之死也. 故后妃·夫人·太子之黨成而欲君之死也, 君不死, 則勢不重. 情非憎君也, 利在君之死也.

길게 인용한 이유가 있다. 어떤 설명보다 한비의 글을 직접 읽는 게 제일 좋기 때문이다. 무엇보다 한비가 어떻게 글을 쓰는지에 관심을 두기 바란다.

몇 마디 군더더기를 붙여 본다. 한비는 에둘러 말하지 않는다. 의견을 직설적으로 전하는데 수식하거나 문학적으로 채색하지 않는다. 한비는 의견 뒤에 역사전거나 속담, 증거로 뒷받침한다. 메시지가 또렷한 매서운 글이다. 직설적인 말에 거부감을 느낄 수도 있다. 대단히 리얼하기 때문이다. 한비는 개의치 않는다. 중요한 점은 문제를 직시하고 해결하는 것이지 '생각해 봅시다'라는 제안 차원에서 그치지 않기 때문이다. 목숨이 걸린 문제가 아닌가. 문제를 정확하게 드러내야 한다는 게 한비의 판단이다. 다만 한비의 인간관이 불편할 수는 있다. 한비는 인간관계를 불신이라는 토대에서 보고 인간의 본성에는 이(利)를 추구하는 성질이 있다고 말한다. 선한 본성이 아니라 악한 본성이라는 말로 오해할 수 있어 선뜻 받아들이기 힘들다. 한비에게 중요한 문제는 인간 본성이 어떻다는 것보다 그러한 기초 위에 어떤 건축물을 짓느냐가 더 관심사이므로 초점을 인간 본성이 아닌 다른 데 두고 『한비자』를 읽어야 할 것이다.

두 가지를 염두에 두어야 한다. 첫째, 한비는 골육의 정을 무시하거나 부정하지 않는다. 골육관계가 아닐 때 이(利)로 설명할 수밖에 없다는 게 한비의 사고다. 설명을 다시 해보자. 한비가 볼 때 군신(君臣)은 이(利)로 맺어진 관계다(유가에서는 군신관계를 의義로 설명하는 것을 떠올려 보라). 한비의 경험과 관찰, 역사에 대한 해박한 공부가 이(利)를 관건으로 사고하도록 만들었다고 이해해야 할 것이다. 즉, 이(利)를 먼저 생각하고 여기서 사고를 뻗어 나가는 연역적 방식이 아니라 그의 모든 지식과 경험이 귀납적으로 이(利)에 응결되었다고 보아야 한다는 뜻이다. 그의 글에 역사전거가 풍부한 이유가 이 점을 설명한다.

둘째, 이(利)를 핵심어로 설명하는 한비의 견해를 자칫 '이(利)로 똘똘 뭉친 게 인간'이라는 인성론(人性論)의 견지에서 이해해서는 곤란하다. 한비는 인성론에 별 관심이 없어 보인다. 한비의 글에도 인성에 대한 논의가 빈번하지만 본격적인 인성론이라기보다는 일반적으로 말하는 인간의 어떤 심성을 지적한 것으로 파악해야 한다. 한비는 현실에 관심을 두고 있기에, 현실적으로 군신관계는 이(利)로 설명해야 해명될 수 있는 부분이 크고 실제로 그렇다는 인식과 분석으로 읽어야 할 것이다. 이(利)라는 말 자체를 금기시했던 맹자를 상기해 보면 한비의 견해가 얼마나 파격적인지 알 수 있을 것이다.

『장자』와 『한비자』의 글쓰기

『장자』와 비교해 보면 한비의 글쓰기와 사고가 분명해질 것이다. 『장자』는 역사전거를 인용하기보다는 우화와 창작, 빗대는 이야기로 자신의 논점을 뚜렷하게 한다. 한비가 역사와 전거에 젖줄을 대고 있다면 장자는 창작된 이야기, 픽션에 뿌리를 내렸다. 둘 차이는 상당하다. 한비는 역사에서 이론으로 나아가는 길을 택했고, 『장자』는 역사에서 허구로 진행하는 방식을 선호했다. 한비는 역사에서 자신만의 교훈과 거울을 보았고(이 점 유가와 비슷하지만 해석방식은 완전히 다르다), 장자는 역사를 이용해 자신만의 이야기로 허구성을 증폭시켰다. 한비는 이야기성이 풍부한 역사를 감계(鑑戒)로 집중시킨 반면 장자는 허구성을 확대해 문학 쪽으로 성취를 이뤘다. 한비의 글이 밀도가 높아 보이는 까닭이 여기 있다. 그는 자신의 테마를 위해 모든 것을 한 곳으로 집중시켰다. 『장자』는 읽을수록 까다로워지는데 이야기성이 풍부해지면서 해석의 여지가 많아진다. 둘은 우열의 문제가 아니다.

한비의 직설적인 글쓰기는 전례가 없다. 이후 그의 글

쓰기는 많은 문인들이 주목하는 대상이 된다. 쭉쭉 뻗는 그의 글쓰기는 예리한 분석과 인간의 어떤 특성에 대한 통찰에 힘입어 통쾌한 느낌을 준다. 서양에서는 비교수사학(comparative rhetoric)이라는 걸 얘기한다. 제목은 거창하지만 딴 게 아니고 동서양의 글쓰기 방식을 비교해 예를 들고 안목을 키우는 방법을 말한다. 비교수사학의 통설은 이렇다. 서양은 직설적인 글쓰기, 동양은 완곡한 글쓰기. 거친 일반화지만 얼핏 틀린 말은 아니다. 전체적으로 두루뭉술하게 하는 말에 어딘 틀린 게 있겠는가. 하지만 한비의 글쓰기를 보면 이런 의견이 얼마나 피상적인지 알 수 있다. 방대한 동양의 글쓰기 바다에는 무수한 글이 모여 있어 쉽게 판단할 수 없다.

「오두」: 역사에서 당대로

다음은 「오두」(五蠹)에서 읽어 보자.

> ① 상고시대에는 인민이 적고 금수가 많아 인민이 금수와 벌레, 뱀을 이기지 못했다. 성인이 나타나 나무를 엮어 둥지를 만들어 여러 해악을 피했다. 백성들이 기뻐하며 그가 천하를 다스리도록 해 유소씨라고 불렀다. 백성들이 과일과 조개를 먹어 비린내, 누린내와 악취가 나 배와 위를 해쳐 백성들에게 질병이 많았다. 성인이 나타나 나무를 비벼 불을

얻어 비린내와 누린내 나는 것을 조리할 수 있게 했다. 백성들이 기뻐하며 그가 천하를 다스리도록 해 수인씨라 불렀다. 중고시대에는 천하에 큰물이 나 곤과 우가 큰 강을 터서 물이 흐르게 했다. 근고시대에는 걸·주가 난폭하게 난을 일으키자 탕(湯)과 무(武)가 그들을 정벌했다. 여기 우임금 하후씨의 시대에 나무를 엮고 나무를 비벼 불을 만드는 사람이 있다면 반드시 곤과 우에게 비웃음을 당했을 것이다. 은나라와 주나라 시대에 큰강을 터서 물을 흐르게 한다면 반드시 탕과 무에게 비웃음을 당했을 것이다. 그렇다면 지금 현시대에 요·순·탕·무·우 임금의 도를 찬미하는 사람이 있다면 반드시 새로운 성인에게 비웃음을 당할 것이다. 이 때문에 성인은 옛것을 따르기를 기약하지 않고 항상 옳다는 것을 법도로 삼지 않으며 현시대의 일을 따져 가면서 이에 따라 일을 준비한다.

송나라에 밭을 경작하는 사람이 있었다. 밭에 나무 그루터기가 있었는데 토끼가 달리다 그루터기에 부딪쳐 목이 부러져 죽었다. 농부는 이 일을 따라 쟁기를 놓아두고 그루터기를 지키면서 다시 토끼를 얻길 바랐다. 토끼를 얻을 수 없자 그 사람은 송나라의 웃음거리가 되었다. 지금 선왕의 정치로 현대의 백성을 다스리길 바라는 것은 모두 농부가 그루터기에서 기다리는 것과 같다. […]

② 유학자들은 글로 법을 어지럽힌다. 협객들은 무력으로 금법을 어긴다. 그런데 임금이 이들을 다 예우해 주니 이것이 나라가 어지러운 까닭이다. 무릇 법망에 걸린 자는 죄를 받아야 하는데 여러 선비들이 글공부를 했기 때문에 조정에 선택되고, 금법을 범한 자는 처벌받아야 하는데 많은 협객들이 개인 검술 때문에 나라에서 양성된다. 그러니 법이 금지하는 것을 임금이 선택하고 관리들이 처벌해야 할 대상을 윗사람들이 양성하는 꼴이다. 공정한 법 집행[法]·임금의 인재 발탁[趣]·고위직으로의 등용[上]·내치기[下], 네 가지가 서로 상반되고 정해진 게 없으니 황제(黃帝) 열 명이 있다 한들 나라를 다스릴 수 없다.

③ 옛날 창힐(蒼頡)이 글자를 만들 때 자신을 에워싼 것을 '사'(厶=私)라 하고 사(厶)의 반대를 '공'(公)이라 했으니 공(公)과 사(私)가 반대라는 것을 창힐은 확실히 알았다. 지금 공사(公私)의 이익이 똑같다고 생각하는 것은 잘 살피지 못하는 데서 생기는 문제다. […]

④ 지금 임금은 사람들의 말을 들을 때는 뛰어난 말솜씨를 기뻐하면서 그 말이 합당한지는 살피지 않고, 행동을 들어 쓸 때는 명성만을 아름답게 여기고 그 행동의 결과는 책임을 묻지 않는다. 이 때문에 천하의 많은 사람 가운데 유세객들은 말솜씨를 늘리는 데 힘쓰느라 실제 쓰임에는 신경 쓰

지 않는다. 그러므로 인의(仁義)를 말한 선왕(先王)을 거론하는 자들이 조정에 가득해 정치가 어지러움을 면치 못한다. 자신을 보존하려는 자들은 고상하게 되기를 경쟁하느라 공적을 세우는 데는 적합하지 않다. 그러므로 지혜로운 선비들은 물러나 바위 동굴 속에 살며 나라에서 주는 봉록을 받지 않아 병사들이 허약을 면치 못한다. [···]

⑤ 그러므로 어지러운 나라의 풍속은, 배운 자들이 선왕의 도를 칭송하면서 인의(仁義)를 들먹이고 모습을 잘 꾸미고 복장을 요란하게 갖춰 입고 번드레한 말솜씨를 꾸며 대고 당대의 법을 의심하며 군주의 마음을 분열시키는 것이다. 유세객들은 사실을 날조하고 거짓을 만들어 외국의 힘을 빌려 사사로운 뜻을 이루고 나라의 이익을 신경 쓰지 않는다. 칼 찬 자들은 무리를 만들어 절개를 내세우고 자기 이름을 드러내며 관청에서 금하는 것을 범한다. 권력을 맛보고 싶은 자들은 권력을 쥔 사사로운 가문과 친해져 뇌물을 다 바쳐 중요한 사람들에게 청탁을 해 힘든 일에서 빠져나간다. 상공업에 종사하는 백성들은 조악한 기물을 만들고 사치스러워 쓸모없는 재물을 모아 두며 물건을 쌓아 두었다가 때를 기다려 팔아 농부들이 가져야 할 이익을 차지한다. 이 다섯 가지는 나라를 좀먹는 벌레다. 군주가 이 다섯 가지 좀벌레를 제거하지 않고 올바른 선비를 양성하지 않으면 세상에

망하는 나라와 사라지는 조정이 있다 해도 전혀 괴상할 게 없다.

① 上古之世, 人民少而禽獸衆, 人民不勝禽獸蟲蛇. 有聖人作, 構木爲巢而避群害, 而民悅之, 使王天下, 號曰有巢氏. 民食果蓏蚌蛤, 腥臊惡臭而傷害腹胃, 民多疾病, 有聖人作, 鑽燧取火以化腥臊, 而民說之, 使王天下, 號之曰燧人氏. 中古之世, 天下大水, 而鯀·禹決瀆. 近古之世, 桀紂暴亂, 而湯武征伐. 今有構木鑽燧於夏后氏之世者, 必爲鯀·禹笑矣. 有決瀆於殷周之世者, 必爲湯武笑矣. 然則今有美堯舜湯武禹之道於當今之世者, 必爲新聖笑矣. 是以聖人不期脩古, 不法常可, 論世之事, 因爲之備. 宋人有耕田者, 田中有株, 兎走觸株, 折頸而死, 因釋其耒而守株, 冀復得兎. 兎不可不得, 而身爲宋國笑. 今欲以先王之政治當世之民, 皆守株之類也. […]

② 儒以文亂法, 俠以武犯禁, 而人主兼禮之, 此所以亂也. 夫離法者罪, 而諸先生以文學取, 犯禁者誅, 而群俠以私劍養. 故法之所非, 君之所取, 吏之所誅, 上之所養也. 法趣上下, 四相反也, 而無所定, 雖有十黃帝不能治也. […]

③ 古者蒼頡之作書也, 自環者謂之'厶', 背厶謂之'公', 公私之相背也, 乃蒼頡固以知之矣. 今以爲同利者, 不察之患也. […]

④ 今人主之於言也, 說其辯而不求其當焉. 其用於行也, 美其聲而不責其功. 是以天下之衆, 其談言者務爲辨而不周於用, 故

擧先王言仁義者盈廷, 而政不免於亂 行身者競於爲高而不合於功. 故智士退處巖穴, 歸祿不受, 而兵不免於弱. […]

⑤ 是故亂國之俗, 其學者, 則稱先王之道以籍仁義, 盛容服而飾辯說, 以疑當世之法, 而貳人主之心, 其言古(=談)者, 爲說詐稱, 借於外力, 以成其私, 而遺社稷之利. 其帶劍者, 聚徒屬, 立節操, 以顯其名, 而犯五官之禁. 其患御者, 積於私門, 盡貨賂, 而用重人之謁, 退汗馬之勞. 其商工之民, 脩治苦窳之器, 聚弗靡之財, 畜積待時, 而侔農夫之利. 此五者, 邦之蠹也. 人主不除此五蠹之民, 不養耿介之士, 則海內雖有破亡之國·削滅之朝, 亦勿怪矣.

「오두」는 야심찬 글이다. 이유는 두 가지다. 첫째, 한비는 일종의 역사철학을 전개한다. ①은 그 부분에 집중한 글이다. 역사철학을 전개하면서 당대를 큰 시야에서 접근한다. 한비의 역사관은 유가와 상반된다. 유가는 선왕(先王, 이 말 자체에 훌륭하다는 가치판단이 이미 들어가 있다)을 문명을 만든 위대한 모범으로 보고 그들이 완성한 이상세계 삼대(三代, 하은주夏殷周)를 기준으로, 후대를 이상세계에서 점점 타락해 가는 세상으로 이해한다. 유가에게 고(古)는 정치세계가 지향해야 할 모델로서 영원한 제국으로 상상된다. 한비는 유가의 세계관을 염두에 두고 그들의 사고방식에 도전한다. 유가의 세계관에 도전함으로써 유가의 인식은 하나의 의견임을 명백히 한다. 역사를 보는 시각이 바뀌면 역사는 다르게 해석될 수밖에 없다. 한비의 작업이 의의를 지니는 이유는 역사 해석의 다양성을 열어 놓아 세계관의 지평을 확장한 데 있다. 중요한 문제의식이다. 새롭게 해석한 역사의 중심사관(中心史觀)은 '고금이 다르다'는 생각이다. 한비는 금(今, 지금·여기·현실)을 중시한다. 고금이 다르며 금(今)을 높이는 사고는 한비의 전매특허는 아니다. 『장자』에서도 몇 번 강조되었다.

『장자』「본성을 수선하다」[繕性]에 보이는 글이다.

> 옛사람들은 자연과 혼연일체인 가운데 세상에 살면서 담백하게 지낼 수 있었다. 당시에는 음양이 조화로워 조용히 움직였고 귀신이 난리를 부리지 않았으며 만물이 상처 입지 않았고 뭇 생명이 요절하지 않았으며 사람들이 지혜가 있어도 쓸 곳이 없었다. 이를 일러 완벽한 일치라고 한다. 덕이 타락하고 쇠퇴하는 때에 이르러 수인씨·복희씨가 천하를 다스리기 시작하였다. 이 때문에 자연에 순종하긴 했지만 완벽한 일치를 이루지는 못했다. 덕이 또 타락하고 쇠퇴하자 신농씨·황제(黃帝)에 이르러 천하를 다스리기 시작하였다. 이 때문에 편안하기는 했지만 자연에 순종하지는 못했다. 덕이 또 타락하고 쇠퇴하자 요·순 임금에 이르러 천하

를 다스리기 시작하였다. 잘 다스리고 교화하는 기풍은 일으켰지만 도타움을 얇게 하고 소박함을 흐트러트렸으며 선행으로 도에서 떠나고 인위적인 행동으로 도를 어지럽혔다. 그런 이후에 본성에서 떠나 마음을 따르게 된다. 나의 마음과 다른 사람의 마음이 서로 안다고 하면서 세상을 평화롭게 할 수는 없었다. 그런 일이 생긴 이후 글로 덧붙이고 박식으로 더해서 문명은 본바탕을 소멸시켰고 박식은 마음을 질식시켰다. 그런 후로 백성들은 홀리고 어지럽기 시작해 무엇으로도 본성과 진심으로 돌아가 최초의 모습을 회복할 수 없었다.

古之人, 在混芒之中, 與一世而得澹漠焉, 當是時也, 陰陽和靜, 鬼神不擾, 四時得節, 萬物不傷, 群生不夭, 人雖有知, 无所用之, 此之謂至一. 逮德下衰, 及燧人伏羲始爲天下, 是故順而不一. 德又下衰, 及神農黃帝爲天下, 是故安而不順. 德又下衰, 及唐虞始爲天下, 興治化之流, 澆淳散朴, 離道以善, 險德以行, 然後去性而從於心. 心與心識知而不足以定天下, 然後附之以文, 益之以博, 文滅質, 博溺心, 然後民始惑亂, 无以反其性情而復其初.

장자의 글은 덕(德, 하늘이 인간에게 부여한 고유의 잠재력, 능력)의 관점에서 파악한 역사관이다. 하은주 삼대는커녕 그 이전 시대에 정치가 시작(시始 자를 되풀이해 쓰는 것을 눈여겨보라)되면서 지속적으로 타락했다고 말한다. 고금이 다를 뿐 아니라 모델 따위는 없다.

한비의 글은 유가를 조롱하는 데에 목적이 있지는 않다. 당대성에 대한 강조는 현실적인 정책에 대한 요구로 이어지고 이는 그의 현실인식과 표리를 이룬다. 고(古)와 다른 금(今)의 논리에는 인정(仁政)이라는 유가의 고상한 가치와 다른 구체적인 목표가 따로 있었다.

「오두」가 야심찬 글인 두번째 이유는, 오두에 대한 그의 증오가 실질성[實]과 관련 있다는 것이다. 앞서 인용한 「오두」 중 ⑤는 앞에서 언급한 다섯 종류의 벌레를 정리해서 총괄한 말이다. 이 결론에 도달하기까지 한비는 문제점을 조목조목 지적했다. 그 글이 ②와 ④다. 한비의 신랄한 비판이 잘 드러나는 글이다. 그리고 비판의 근거에는 ③에서 보이는 공사(公私)의 명백한 구분이 깔려 있다. 공사의 개념을 글자 풀이로 독특하게 설명했다. 공사(公私)라는 자형(字形)에 공통적으로 들어간 '사'(厶)를 캐치해서 풀이한 재치 있는 글이지만 엄밀히 말하면 이런 발상은 한비 자신의 창안으로, 유가와 마찬가지로 이데올로기적인 해설이다. 문자적 근거가 있다고 보긴 힘들다. 여기서는 그게 중요한 게 아니라 공사의 구분을 엄밀하게 해서 둘을 뒤섞어서는 안 된다는 강한 공(公) 의식을 이해해야 한다. 한비에게 국가의 일은 공(公)으로 사(私)가 끼어들 여지가 없다. 후대에 오면, 송대 성리학의 경우 공(公)에 대한 감각이 남달랐다. 성리학에서는 공(公)을 전면화해서 선비에게는 아예 사(私)가 없다고 언명할 정도였다. 사(私)를 도덕적 판단의 대상으로 파악해 최악의 악덕으로 간주했다.

사(士)에게는 사(私)가 없다는 것. 이는 사(士) 계급의 책임감을 천명한 진술로 모든 일을 공(公)으로 보고 도덕적으로 한 줌 부끄럼이 없어야 한다는 당위의 언어를 강력하게 내세운 것이었다. 도덕적 의무를 의리(義理)로 집약시킨 이런 관점에서는 이(利)가 사(私)와 결부되어 의리의 대척에 서는 최대의 적이 된다. 정말 사(私)가 있느냐 없느냐의 문제는 들어설 자리가 없다. 공(公)을 확대시켜 사(私)까지 뒤덮은 형국이라 할 수 있다. 그것을 명분이라 부르든 뭐라 하든 도덕적 무장이 중요했던 것. 공사(公私)를 구분하고 공에 집중한 한비와는 다르다. 한비는 이(利)를 공과 결합해 공적 이익에 봉사하는 것이 군주와 신하의 역할로 보았다.

인용한 글에 보이는 '나라의 이익'[社稷之利]이 한비의 최대 관심사다. 이 관점에 서면 군주의 역할은 명백해진다. 신하의 임무도 마찬가지. 국가 운영은 국익의 관점에서 파악할 수 있다는 것. 국익. 익숙한 말이다. 한비가 현실적인 이유가 여기 있다.

통치론

한비의 현실성을 보았으니 이를 토대로 그의 통치론을 볼 차례다. 한비는 현실관의 연장에서 왕과 통치술을 거론한다. 시급한 현실 문제는 정책 차원의 시사성만을 고려하지 않는다. 통치술에 대해 근본적인 질문을 했기에 정치사상으로 나아갈 수 있었다. 당면한 문제에 대한 일회적인 해결책이 아니라 군주와 통치의 근간을 따져 묻고 해답을 모색했다. 세(勢)·술(術)·법(法)이 해석된 것도 이런 맥락에서다.

현실에 밀착한 진단

군주와 국가를 둘러싼 현실문제에 예민하게 반응하고 위기의식이 강렬했기에 여러 부문에 걸쳐 다양한 진단이 언급될 수 있었다. 현실은 호락호락하지 않다. 지식인들의 글쓰기에서 나쁜 문제점으로 지적되는 것 가운데 하나는 자신의 지식 혹은 선입견으로 현실을 재단한다는 점이다. 현실과 지식을 맞대면시켜 현실을 통해 지식을 교정하고 벼리는 게 아니라 현실을 선지식으로 싸잡아 자신의 틀 안에 구겨 넣는 태도 말이다. 한비는 현실을 우선한다. 깔끔하게 구성한 현실이 아니라 모순되고 여러 겹으로 충돌하는 삶이기에 왕을 중심에 두고 여러 관계를 살펴 통치와 연결시켰다. 한비의 통치구상과 통치에 대한 질문은 현실과 밀착되었다.

나라를 다스리는 원칙은 「대체」(大體)에서 논의된다. 임금의 길을 원칙적으로 제시한 글은 「주도」(主道)다. 「주도」에서 무위의 통치가 거론되고 군주의 심술(心術)을 말한다. 그 본질은 신하의 본심을 파악하는 일. 「애신」(愛臣)에서 한비는 신하를 총애했을 경우 신하의 권력이 커져 군주가 위험해질 수 있다고 경고했다. 「애신」은 군주에게 경고하는 성격의 글이기에 그의 현실인식과도 관련된다. 하지만 군주통치라는 측면에서 신하를 장악해야 한다는 글로도 읽을 수 있다. 「삼수」(三守)도 이와 유사한 성격의 글로 읽을 수 있다. 임금이 지켜야 할 세 가지 요점이 테마이지만 이를 지키지 못할 때 신하에게 위협당할 수 있다는 경고이기 때문이다. 신하를 대하는 임금의 마음가짐에 대해서는 「인주」(人主)라는 글에서 다시 이야기한다. 「유도」(有度)는 공사를 구분하고 신하에게 철저하게 법을 적용하라는 글이다. 유도(有道)가 아니고 유도(有度)라는 점에 주의해야 한다. 한비는 추상적인 법칙[道]을 염두에 둔 게 아니라 구체적인 제도[度]와 실질적인 방안[數]

에 관심이 있다. 도(度)와 수(數)는 통하는 말이다.

실질적인 통치를 명확히 한 글이 「이병」(二柄)이다. 군주가 신하에게 실행해야 할 실질적인 두 방법을 상과 벌로 나타냈다. 「이병」의 자매편이 「양권」(揚權)이다. 상벌을 시행하는 방법으로 형명참동(刑名參同)을 들었다. 한비가 쓴 형명이란 말이 체계적으로 설명된다. 중요한 개념이기 때문에 후에 상술하기로 한다. 벌을 시행할 때 엄격한 집행을 따로 강조하는데 한비는 편안함과 이득을 좋아한다는 인간의 본성을 감안하여, 본성에 반하는 법 집행을 강조했다. 「심도」(心度)가 그 글이다.

「화씨」: 법술의 엄격한 집행

「화씨」(和氏)라는 독특한 글도 보인다. 인간의 본성과 관련해 충효의 논리를 따지고 드는데 유가에서는 효의 연장으로 충을 파악한 데 비해 한비는 군신 윤리인 충과 부자 윤리인 효가 모순이라는 점을 지적한다. 방점은 군신관계에 가 있다. 유가적 사고는, 부자관계의 연장이 군신관계이며 가족주의의 연장이 국가라고 본다. 한비는 가족주의를 사(私), 군신관계를 공(公)으로 보아 둘을 분리시켰다. 유가와 배치될 뿐만 아니라 새롭게 사고하는 방법을 열었다는 면에서 중요하다. 「화씨」는 전국시대 유명했던 화씨벽(和氏璧)의 고사를 가져와 법술통치를 화씨벽이라는 보물에 비유한 명문이다. 역사와 고사를 어떻게 구성하는지 극적으로 보여 준다. 짧지만 강렬한 인상을 남기는 글이다. 「남면」(南面)에서는 임금은 누구도 믿지 말고 법만 따르라고 강조한다. 군신관계를 바라보는 한비의 시각이 직설적으로 드러나는 글이다. 군신관계가 불신에 토대를 잡고 있기 때문에 신뢰는 사고의 중심으로 들어오지 못한다. 신뢰를 대신하는 게 법술이다. 법술의 엄격한 집행이라는 원칙 아래 신하의 행동을 관찰하는 방법을 얘기하고(「관행」觀行), 사람 쓰는 방식도 이 원칙 아래 언급된다(「용인」用人).

한비의 생각을 간략하게 정리하면 이렇다. 현실에 바탕한 한비의 해결책은 철저히 임금 중심이다. 통치에 필수적인 신하와의 관계는 상호 불신이라고 보았다. 한비는 임금을 위협하고 해치는 신하의 존재를 끝없이 상기시킨다. 군신관계는 제로섬 게임 같다. 이에 임금은 자의적이고 감정적인 방식으로 방어해서는 안 된다. 객관성과 엄격성으로 운영되는 통치원칙이 있어야 한다. 그것이 법이다. 법은 임금이 신하를 관리하고 통제하는 기술이기도 하지만 통치의 영구성을 보장하는 원칙이기도 하다. 임금의 통치술(수단)에 그치지 않고 군주의 권력을 넘어서는 보편적 원리이기도 하다. 하지만 한비의 사고는 예상처럼 단순하지 않다. 그의 대응논리에는 배후에 역사와 이전 사상가들을 흡수한 세계가 존재한다.

주요 글을 읽어 보자. 「화씨」(和氏)를 예로 든다.

주옥(珠玉)은 군주가 소중히 여기는 것이다. 화씨가 다듬지 않은 옥을 바쳤는데 아름답지 않더라도 군주에게 해가 되지는 않는다. 하지만 두 다리가 잘리고 나서야 보배로 인정을 받았으니 보배로 인정받기가 이처럼 어려운 것이다. 지금 군주는 법술에 대해 화씨의 벽옥(璧玉)만큼 소중히 여기지 않는다. 그러나 뭇 신하들과 백성들의 사사로움과 악행은 금지해야 한다. 그렇게 본다면 도를 가진 인물이 죽음을 당하지 않았다는 것이요, 특히 제왕에게 다듬지 않은 옥(=법술)을 아직 바치지 않았다는 말이다.

임금이 법술을 쓰면 대신(大臣)은 권력을 함부로 쓸 수 없고 임금과 가까운 친밀한 신하들은 감히 권세를 부리지 못한다. 관청에서 법을 행하면 떠도는 백성들은 농사지으러 달려갈 것이고 노는 병사들은 전쟁에 자기 목숨을 바칠 것이다. 법술은 바로 뭇 신하들과 백성들에게 화근이 되는 셈이다. 군주가 대신의 논의를 물리치고 백성들의 비난을 뛰어넘어 홀로 법술의 말을 실행에 옮기지 않는다면 법술을 얘기하는 선비가 죽는다 한들 그의 도는 절대 인정받지 못한 것이다.

夫珠玉, 人主之所急也. 和雖獻璞而未美, 未爲主之害也. 然猶兩足斬而寶乃論, 論寶若此其難也. 今人主之於法術也, 未必和璧之急也, 而禁群臣士民之私邪. 然則有道子之不僇也, 特帝王之璞未獻耳. 主用術, 則大臣不得擅斷, 近習不敢賣重. 官行法, 則浮萌趨於耕農, 而遊士危於戰陳, 則法術者乃群臣士民之所禍也. 人主非能倍大臣之議, 越民萌之誹, 獨周乎道言也, 則法術之士雖至死亡, 道必不論也.

「화씨」는 짧은 글이라 세 단락으로 나누면 전모를 파악할 수 있다. 지금 인용한 부분은 두번째 단락인데 이에 앞선 첫 단락에서는 벽(璧)을 바친 화씨의 고사, 즉 보물임을 인정받지 못하고 화를 당한 장인(匠人)의 이야기가 기술된다. 두번째가 지금 인용한 부분이며, 마지막 단락은 초나라에서 법술을 시행했던 오기와 상앙의 역사적 전례를 들어 자신의 논지를 보강하는 글이다. 한비는 법술이 시행되어야 나라가 부강해진다는 사실(史實/事實)을 강조하기 위해 앞뒤로 이야기를 배치했다. 정리하면 화씨는 보물을 바치고도 다리가 잘리는 형벌을 당했다. 오기와 상앙은 진나라를 부강하게 했는데도 자신과 뜻이 맞았던 임금이 세상을 떠나자 죽임을 당하고 말았다. 화씨 이야기는 오기·상앙의 삶과 정확히 겹친다. 한비의 비유는 강렬한 인상 때문에 한가롭게 읽히지 않는다. 비유와 역사가 참고나 재미를 넘어선다. 현실성을 지향하며 이야기를 진행한다.

한비는 자신의 의견을 밝히고 진나라에서 세상을 떠났다. 자신의 의견이 이사를 통해 실현되는 걸 보면서 저승에서 한비는 무슨 생각을 했을까. 자신은 죽었지만 도가 제대로 인정받았다고 여겼을까.

화씨벽의 고사는 유명한 이야기라 문헌 곳곳에 보이는데 『한비자』의 기록이 가장 오래된 형태다.

2장 _ 복합적인 사상의 결

한비의 세계를 현실인식과 통치론이라는 관점에서 정리했지만 두 분류체계에 모두 포섭될 만큼 그의 세계는 단순하지 않다. 한비는 명료하되 복합적이다. 그의 사상 이면에는 역사에 대한 통찰이 깔려 있기 때문이다. 한비는 이전의 역사를 상세하게 검토해 거기서 얻은 결론을 체계화했다. 적지 않은 역사 자료가 참고로 그의 책 안에 수록되었다. 역사적 전례뿐 아니라 『노자』를 비롯한 이전의 사상을 검토하고 당대의 학술도 포괄해 이를 자신의 사고와 견주는, 넓은 역사의식과 현실감각을 동시에 보여 준다. 이 부분은 중요하기 때문에 셋으로 나눠 얘기할 수 있다.

자료로서의 역사와 그 해석

역사의 쓸모를 누가 모르랴마는 당위로 떠드는 것과는 다른 차원의 문제가 있다. 역사의 효용을 잘 알기에 기록성에 대한 한비의 감각은 남다르다. 『한비자』에 수록된 자료/기록이 높은 평가를 받는 이유는 오리지널리티를 가진 희귀성 때문이다. 어디에서도 볼 수 없는 기록이 포함되어 있다. 높은 점수를 받는 다른 이유는 역사 해석과 관련된다. 역사는 자료더미가 아니다. 반드시 어떤 관점을 가지고 해석해야 하고 해석 행위가 개입할 때 역사가 된다. 법가적 세계관이라 명명할 수 있는 한비자의 역사관은 임금의 통치에 대한 반성과 도움주기라는 관점에 철저하다. 자신의 사상에 역사적 증거를 제시하는 모양새다. 이 말은 역사를 거울로서 해석한다는 말과 다르지 않다. 거울로 이미지화한 효용으로서의 관점. 이는 후대 역사 서술의 주요한 축을 이루는 사서의 서술 태도와 크게 다르지 않다. 한비의 선구자적인 안목이 돋보인다.

그렇다면 동일한 태도를 견지하는 유가적 해석과 무엇이 다른가. 한비는 법가 이데올로기에 기반하기 때문에 역사관을 해석하면 그의 사상을 알 수 있다. 뻔한 소리라고? 뒤집어 애기하면 한비는 역사를 자신의 이념에 맞게 해석함으로써 자신의 이데올로기성(性)을 숨기지 않고 드러낸다. 독자들은 한비의 역사 해석을 읽음으로써 한비의 이념성을 정확히 이해하게 된다. 이는 그대로 유가의 역사 해석에도 적용된다. 유가의 역사 해석은 한 학파의 사고방식일 뿐, 일반적인 것도 대표성을 띤 것도 보편성을 가진 것도 아니라는 사실을 한비의 역사 해석을 통해 볼 수 있다. 자신의 이데올로기를 드러냄으로써 유가 역시 하나의 이데올로기임을 보여 준다. 이 부분이 한비의 빼어난 점이다. 유가의 한비 비판은 예리할 수가 없다. 그 이유는 한비가 근저에서 비판한 이념성을 간파하지 못하기 때문이다. 한비를 비판하면 할수록 비판하는 자의 이데올로기적 성격이 고스란히 드러난다. 나는 여기서 이데올로기라는 개념을, '보편성 사상인 양 널리 유포돼 특수하고 개별적인 역사적 존재성(사고양태)을 망각한 허위의식'이라는 비판적 의미로 사용한다. 한비의 기록성과 역사 해석은 중요한 테마이기 때문에 뒤에서 다시 다루기로 한다.

한비가 인용한 역사 자료는 가치가 높을 뿐 아니라 『한비자』에서 차지하는 비중도 상당하다. 한비는 역사 자료를 따로 분류했다. 「설림」(說林) 상·하 두 편, 「내저설」(內儲說) 상·하와 「외저설」(外儲說) 좌상(左上)·좌하(左下)·우상(右上)·우하(右下)까지 저설(儲說) 여섯 편, 「난일」(難一)에서 「난사」(難四)까지 네 편, 모두 12편이 이에 해당한다. 적지 않은 분량이다. 한비는 논의를 벌일 때 늘 역사와 고사를 인용하는데 그것까지 고려하면 그의 논의 전체가 역사와 전거를 빼고는 얘기할 수 없을 정도라 하겠다. 「화씨」 같은 경우도 이 범주에 포함시킬 수 있는데 화씨의 고사를 전면에 두고 논의한다는 점에서 그의 글쓰기와 역사 전거 활용방식을 알 수 있다.

역사 자료를 읽어 볼 차례다. 「설림」(說林) 상(上)에서 뽑아 본다.

> 관중과 습붕이 환공을 따라 고죽국을 정벌했는데 봄에 가서 겨울에 돌아왔다. 지리를 헷갈려 길을 잃고 말았다. 관중이 말했다. "늙은 말의 지혜를 이용할 만합니다" 하고는 늙은 말을 풀어 주고 말을 따라가 마침내 길을 찾았다. 산중을 지나다가 물이 없었다. 습붕이 말했다. "개미는 겨울에 산 남쪽에 살고 여름엔 산 북쪽에 삽니다. 개미집이 한 치 솟아오른 곳 한 길 아래 물이 있을 겁니다" 하고는 땅을 파서 마침내 물을 찾았다.
>
> 관중의 성스러움과 습붕의 지혜를 가지고서도 그들이 알 수 없는 일에 닥치면 그들은 늙은 말과 개미에게 배우는 행동도 어려워하지 않았다. 지금 사람들은 어리석은 마음을 가졌으면서도 성인의 지혜를 배우려고 하지 않으니 진정 잘못이 아니겠는가.
>
> 管仲·濕朋從於桓公而伐孤竹, 春往冬反, 迷惑失道. 管仲曰:

"老馬之智可用也." 乃放老馬而隨之, 遂得道. 行山中無水, 濕朋曰 : "蟻冬居山之陽, 夏居山之陰. 蟻壤一寸而仞有水." 乃掘地, 遂得水. 以管仲之聖而濕朋之智, 至其所不知, 不難師於老馬與蟻. 今人不知以其愚心而師聖人之智, 不亦過乎.

인용한 글은 다른 글들과 달리 마지막 문장에 자신의 의견을 노출했다는 점에서 특이하다. 대부분의 글은 이야기만 서술하고 해석을 노출하지 않는다. 교훈을 배운다는 저자의 목적이 명시된 글이다.

「내저설」·「외저설」은 「설림」과 성격이 다르다. 「내저설」과 「외저설」은 경문(經文)이라 해서 원칙을 제시하고 그에 따른 설명, 그리고 역사적 사례[傳文, 이때 전傳은 전해 내려온다는 의미다]를 수록하고 일설(一說)이라 해서 동일한 이야기의 다른 버전까지 기록해 자료를 구성했다. 한비가 역사를 어떻게 활용했는지 알 수 있는 편집이지만 체계적인 편집행위보다는 이런 작업방식 덕에 춘추전국시대 저술 다른 곳에서는 볼 수 없는 상당량의 역사 자료가 갖춰지게 되었다는 점에서 소중하다.

「내저설」 상(上)에서 한 편을 들어 본다.

초나라 남쪽 땅 여수(麗水)에서 금이 나오자 사람들이 대부분 몰래 금을 채취했다. 금 채취를 금지하는 법은 잡히면 바로 시장에서 사지를 찢어 죽이는 것이었다. 법에 걸려 잡혀 죽은 사람이 너무 많아 여수를 막을 지경이었다. 그런데도 사람들이 몰래 금을 채취하는 일이 그치지 않았다. 형벌 가운데 시장에서 사지를 찢어 죽이는 것보다 무거운 게 없는데도 금 훔치는 일이 그치지 않는 것은 반드시 잡히는 게 아니기 때문이다. 지금 이렇게 말하는 사람이 있다고 치자. "네게 천하를 주겠지만 네 몸을 죽일 것이다." 보통 사람은 여기에 응하지 않을 것이다. 천하를 갖는 것은 큰 이익이긴 하나 그래도 하지 않는 것은 반드시 죽는다는 것을 알기 때문이다. 그러므로 반드시 잡히는 게 아니라면 사지를 찢어 죽인다 한들 몰래 금을 채취하는 일은 그치지 않을 것이다. 반드시 죽는다는 것을 알면 천하를 갖게 되더라도 하지 않을 것이다.

荊南之地, 麗水之中生金, 人多竊采金. 采金之禁, 得而輒辜磔於市. 甚衆, 壅塞其水也, 而人竊金不止. 夫罪莫重於辜磔於市, 猶不止者, 不必得也. 故今有於此, 曰 : "予汝天下而殺汝身." 庸人不爲也. 夫有天下, 大利也, 猶不爲者, 知必死. 故不必得也, 則雖辜磔, 竊金不止. 知必死, 則天下不爲也.

인용한 글은 사례로 든 전문(傳文)뿐이다. 간략히 언급했던 저설(儲說)의 짜임새를 좀 더 살펴보자. 「내저설」 상(上)은 '칠술'(七術)이라는 다른 제목을 이어 붙이기도 한다. 칠술이라는 벼리를 걸고 일곱 벼리에 따라 하위 항목을 세분화했기 때문이다. 「내저설」 상(上)은 이렇게 시작한다. "임금이 사용해야 할 술책이 일곱[七術]이고 살펴보아야 할 것이 여섯 가지 기미[六微. 육미에 해당하는 편이 「내저설」 하下다]다. '칠술'은 다음과 같다. 첫째, 많은 증거를 서로 대조해 보아야 한다. 둘째, 반드시 벌을 내려 위엄을 명확히 해야 한다. 셋째, [...] 일곱째, 말을 뒤집고 일을 거꾸로 한다. 이 일곱 가지는 임금이 써야 할 것들이다"[主之所用也七術, 所察也六微. 七術:一曰, 衆端參觀. 二曰, 必罰明威. 三曰 ··· 七曰, 倒言反事. 此七者, 主之所用也]. 이 부분이 경문이다. 우선 경문은 칠술이 무엇인지 원칙을 서술한다.

그다음 칠술을 구체적으로 설명한다. 앞서 언급한 둘째 항목인 필벌명위(必罰明威)를 보면 다음과 같이 상세히 설명했다. "사랑이 많으면 법이 제대로 서지 못하고 위엄이 적으면 아랫사람이 윗사람을 침범한다. 이 때문에 형벌을 확실하게 하지 않으면 금령이 행해지지 않는다. [...] 이에 여수에서 나는 금을 지키지 못했다"[愛多則法不立, 威寡則下侵上. 是以刑罰不必則禁令不行···是以麗水之金不守]. 글의 체계는 이러하다. ① 칠술을 정의하고, ② 상세히 설명하고, ③ (사례로 증명하는 항목으로 넘어가) 각 전문(傳文)의 개요를 보여 준 다음, ④ 역사적 사례가 하나하나 제시된다. 체계적으로 구상해 쓰여졌음을 알 수 있는 편집이다.

크게 보면 제목-설명-사례로 되지만 일곱 제목이므로 7개씩 설명이 붙고 그 설명 아래 각각의 사례가 붙었기 때문에 전체 분량이 많을 수밖에 없다. 첫번째 항목 '참관'(參觀)에는 10개의 전문(傳文)이, '필벌'에는 25개의 전문이 제시된다. 마지막 항목이 '도언'(倒言, 신하를 살펴보기 위해 임금이 말을 거꾸로 해 보는 것)인데 6개의 짧은 전문이 보인다. 칠술 가운데 '필벌'의 전문이 가장 많다. 그만큼 '필벌'을 중시했다는 말이다. 인용한 글은 25개의 전문 가운데 9번째에 보인다.

덧붙이자면 「저설」에서 보여 준 이런 글쓰기(제목에서 설명으로, 설명에서 전문傳文으로 이어져 연결되는 방식)를 한나라와 위(魏)나라 때 사람들은 연주체(連珠體)라 불렀다. 한비의 이 글은 전혀 새로운 방식의 글쓰기였고 「저설」은 연주체의 시조가 되는 글이다. 연주체에 대해서는 문체(문장 형식)와 관련해 뒤에서 다시 언급하기로 한다.

인용한 글은 뛰어난 통찰력을 보여 준다. 현대사회에서 법이 그렇게 엄한데도 비리가 왜 사라지지 않는지 옛사람들은 이미 꿰뚫어 보고 있었다. 이익은 그렇게 유혹적이고 법의 한계는 명백하다. 한비가 법을 구상할 때 어떤 문제점이 있는

지를 정확히 인지하고 있었음을 알려 주는 글이다. 법을 아무리 촘촘하게 짜서 사회를 전부 싸안는 그물을 만든다 해도 실행은 별개일 수 있음을 알고 있었다. 바꿔 말하면 걸리지 않으면 무슨 일이든 저지른다는 인간심리의 숨은 면을 간파하고 있었다는 뜻이다. 법가를 법 만능주의라고 폄하하는 의견이 법에 대한 무지와 통념에서 비롯되는 말임을 한비의 이 글을 통해 확인할 수 있다.

이전 사상에 대한 검토 : 『노자』

한비는 자신의 사상적 토대를 역사에 비춰 볼 뿐 아니라 근본적인 사고의 측면에서도 따져 보았다. 철학적 기반을 두드려 보는 일이 필수적이었는데 그가 선택한 고전은 『노자』였다. 현실에 대한 예리한 안목은 『순자』에게 힘입은 바 크고 『순자』의 논거에 기대 구체적 제도를 구상하는 쪽에 힘을 기울였지만 제도의 기반을 떠받치는 근거에 대해서도 한비는 고민이 깊었다. 『노자』는 이전부터 이미 심오한 사고를 품은 책으로 널리 알려진 듯한데 한비는 『노자』를 재해석하고 소화해 법(法) 사상의 초월성을 확보하려 했다. 법이 통치의 수단을 넘어선다는 의미에서 고전을 소화하는 중요한 작업이었다.

『논어』 해석사와 마찬가지로 『노자』 해석사를 쓸 수 있을 텐데 그동안 아니 현재에도 한비의 『노자』 해석은 소홀히 취급당했다. 현재 널리 통용되는 왕필(王弼)의 위진남북조 시대 판본과는 다른 고층대의 텍스트를 사용한다는 점에서도 한비의 『노자』 해석은 참고가 될 만하고 지금의 도경(道經)·덕경(德經) 체계가 아니라 덕경(德經)·도경(道經) 순서로 텍스트를 읽은 방식도 눈여겨볼 만한 점이 있다. 「해로」(解老)·「유로」(喩老) 두 편이 이에 해당한다. 한비가 인용한 『노자』 텍스트가 완전한 글이 아니기 때문에 인용한 글을 복원해도 주요 발굴본보다 가치가 작고 왕필의 편집본과도 변별점이 크지 않아 주목받지 못하는 사정이 이해가 간다. 하지만 한비의 해석은 간단한 『노자』 주석에 그치지 않는다. 충분히 음미되어야 하므로 두 편은 따로 다루기로 한다. (두 편의 연장선에서 「수도」守道를 읽을 수 있을 것이다.)

원문을 읽어 보자. 「유로」에서 가져온 글이다.

> 왕수가 책을 지고 길을 가다 주나라 길에서 서풍을 만났다. 서풍이 말했다. "일은 실행이다. 실행은 때에 맞게 하는 데서 드러난다. (때를) 아는 사람은 정해진 일이 없다. 책은 말이다. 말은 아는 것에서 생긴다. (말을) 아는 사람은 책을 간직하지 않는다. 지금 그대는 어쩌자고 책을 짊어지고 가시오?"

그러자 왕수는 책을 불태우고 바람에 날려 버렸다.

그러므로 아는 사람은 가르침을 말로 하지 않고 깨달은 사람은 책을 간직하지 않는다. 이것을 세상 사람들은 잘못이라고 하지만 왕수는 근본으로 돌아간 것이다. 이것이 '배우지 않음을 배운다'고 하는 것이다. 그러므로 (『노자』 제64장에) "배우지 않음을 배워 뭇사람들이 지나치는 것으로 돌아간다"고 하였다.

王壽負書而行, 見徐馮於周塗. 馮曰 : "事者, 爲也. 爲生於時, 知者無常事. 書者, 言也. 言生於知, 知者不藏書. 今子何獨負之而行?" 於是王壽因焚其書而儛之. 故知者不以言談教, 而慧者不以藏書篋. 此世之所過也, 而王壽復之, 是學不學也. 故曰 : "學不學, 復歸衆人之所過也."

한비는 주나라의 은자로 알려진 서풍을 내세운 일화를 통해 노자의 말을 풀었다. 구체적인 예시를 가져와 『노자』를 해설했기에 「유로」(喩老)라고 한 것이다. 폭넓은 비유로 해석해 경문(經文)을 풀었는데 이해하기 쉽다. 비슷한 예로 『시경』(詩經)을 풀이한 『한시외전』(韓詩外傳)을 떠올릴 수 있다. 「해로」(解老)는 「유로」와 다르다. 「해로」의 첫 부분을 보자.

덕은 내부에 있는 것이고, 득(得)은 외부에 있는 것이다. '상덕부덕'(上德不德)이라는 말은 우리의 신령스러움이 외부에 흔들리지 않는다는 말이다. 신령스러움이 외부에 흔들리지 않으면 몸을 온전히 보존한다. 몸을 온전히 보존하는 것을 덕(德)이라고 한다. 덕이란 자기 몸을 온전히 갖는 것이다. 무릇 덕은 아무것도 하지 않음[無爲]으로써 모여들고 욕망하지 않음으로써 성취하며 생각하지 않음으로써 편안하며 무엇에 쓰려고 하지 않음으로써 확고해진다. 무언가 하려 하고 욕망하면 덕은 머물 곳이 없고 덕이 머물 곳이 없으면 덕은 온전할 수 없다. 무엇에 쓰려 하고 생각하려 들면 확고하지 못하다. 확고하지 못하면 좋은 결과를 이룰 수 없다. 좋은 결과를 이루지 못하면 인위적으로 덕을 쓰는 일이 생긴다. 이런 덕은 덕이 없는 것이다. 인위적으로 덕을 쓰지 않으면 진정한 덕이 생긴다. 그러므로 (『노자』 제38장에) "최상의 덕은 덕이 아닌 것 같다. 이 때문에 덕이 있다"라고 하였다.

德者, 內也 ; 得者, 外也. 上德不德, 言其神不淫於外也. 神不淫於外則身全, 身全之謂德. 德者, 得身也. 凡德者, 以無爲集, 以無欲成, 以不思安, 以不用固. 爲之欲之, 則德無舍. 德無舍則不全. 用之思之則不固. 不固則無功. 無功則生於德. 德則無德, 不德則在有德. 故曰 : "上德不德, 是以有德."

「해로」의 글은 주석은 주석이되 통상적인 주석과 다르다. 자구 해석이나 용례에 집착하지 않고 자신의 해석을 붙였다. 이론적인 성격이 강하다. 논리적인 흐름이 유려하다. 추상성이 강한 글인데도 이해하기 쉽다. 덕(德)을 발음의 유사성에 착안해 득(得)으로 풀이하는 음훈(音訓)은 『논어』에서 인(仁)과 인(人)을 혼용하는 관계로 풀이하는 예에서 보듯 낯선 방식은 아니다. 『노자』 본문에서도 덕(德)과 득(得)을 혼용해 '덕/실'(德/失)로 쓴 예가 23장에 보인다. 한비는 인용한 글에서 "득신"(得身)으로 풀이해 덕을 완전히 새롭게 해석했다. 포괄적이어서 모호해질 수 있는 덕(德)이 무엇인지 초점을 명확히 한 탁월한 견해다. 이는 임금에게 형벌을 받지 않고 자신을 온전히 보전한다는 군신관계를 상정한 것으로 보인다. 이렇게 읽으면 정치적인 색채가 강하다. 한비의 해석은 다른 문맥에 놓고 재조직해야 할 성질의 글이다. 「유로」와 다른 형식임은 말할 나위가 없다.

당대 사상조류의 검토와 비판

「난세」(難勢)는 신도(愼倒)의 세(勢) 논리를 논박한 글로, 세를 검토해 자신의 사상으로 수용하는 장면이 보이며, 「정법」(定

法)에서는 세뿐 아니라 신불해(申不害)의 술(術)과 상앙(商鞅)의 법(法)이 종합적으로 검토된다. 상앙의 법 사상과 관련해 「칙령」(飭令)과 「제분」(制分)을 두어 법 사상을 따로 다룬다는 점도 기억할 필요가 있다. 여기까지는 이전 사상에 대한 검토로 읽을 수 있다.

한비는 자신이 살던 시대의 주요 흐름도 놓치지 않았다. 당대 사상에 대한 비판이 자신의 사상 정립에 필수임은 두말이 필요치 않다. 당대 경쟁자들을 비판한 글은 학술사 연구에 좋은 자료다. 「현학」(顯學)이 대표적인 글로 당시 현저한 영향력을 가졌던 유가와 묵가에 대한 비판이 선명하다. 이때 유가와 묵가는 한비 당대에 상당한 세력을 갖춘 학파로서 거론된다. 유가와 관련해서는 「충효」(忠孝) 편을 언급했지만 유가의 인의(仁義) 정치 비판은 「팔설」(八說)에서 따로 다뤘다. 국제정치를 주름잡던 당대 변사(辯士)들은 「문변」(問辯)에서 비판한다. 언급한 자료들은 한비 당시의 지적 분위기를 알 수 있다는 점에서 가치가 높다. 뿐만 아니라 학술이 통치(정치)와도 관련 있다는 점에서 아카데미의 세계를 조망했다는 의의도 지나쳐서는 안 된다.

「현학」의 예문을 들어 본다.

세상에 유명한 학파는 유가와 묵가다. [⋯] 공자와 묵가의 사후, 유가는 나뉘어 여덟 학파가 되었고 묵가는 분리되어 세 학파가 되었다. 학파별로 취사선택이 상반되고 같지 않은데도 모두 자기들이 진짜 공자, 진짜 묵자라고 얘기한다. 공자와 묵자가 다시 살아올 수 없는데 누가 세상의 학파를 판정할 수 있겠는가. 공자와 묵가 모두 요순을 얘기했지만 취사선택이 같지 않은데 모두 자신들이 진짜 요순이라고 얘기한다. 요순이 다시 살아올 수 없는데 누가 유가와 묵가가 진짜인 줄 판정할 수 있겠는가. […]

묵가의 장례는 겨울에는 겨울옷을 입히고 여름에는 여름옷을 입히며 세 치 두께의 오동나무 관으로 매장하고 3개월 동안 상복을 입는다. 세상의 임금들은 이를 검소하다고 생각해 예우한다. 유가의 장례는 집안을 파산하면서까지 장례를 치르고 3년 동안 상복을 입으며 몸을 크게 훼손해 지팡이에 의지한다. 세상의 임금들은 이를 효도라고 생각해 예우한다. 무릇 묵자의 검소함이 옳다면 공자의 사치는 잘못된 것이다. 공자의 효도가 옳다면 묵자의 야박함은 잘못된 것이다. 여기 효도와 야박함, 사치와 검소가 모두 유가와 묵가 안에 있는데도 임금은 이 모순을 모두 예우한다. […] 뒤섞이고 반대되는 말이 다투는데도 임금은 모두 귀 기울여 듣는다. 그렇기에 세상 모든 선비들의 말에 정해진 학술이 없고 행동에 일정한 원칙이 없는 것이다. 얼음과 숯불은 같은 그

릇에 오래 담아 둘 수 없고 추위와 더위는 같은 시기에 오지 않는 법이다. 뒤섞이고 반대되는 학파가 양립해서는 나라를 잘 다스릴 수 없다. 지금 뒤섞인 학문에, 잘못된 행동, 서로 다른 말을 죄다 듣고 있으니 어찌 어지럽지 않겠는가. 그들의 말을 듣고 행동하는 것이 이와 같다면 백성을 다스리는 데에도 또 반드시 어지러울 것이다.

世之顯學, 儒墨也 [⋯] 孔墨之後, 儒分爲八, 墨離爲三, 取舍相反不同, 而皆自謂眞孔墨, 孔墨不可復生, 將誰使定世之學乎? 孔子墨子俱道堯舜, 而取舍不同, 皆自謂眞堯舜, 堯舜不復生, 將誰使定儒墨之誠乎? [⋯] 墨者之葬也, 冬日冬服, 夏日夏服, 桐棺三寸, 服喪三月. 世主以爲儉而禮之. 儒者破家而葬, 服喪三年, 大毁扶杖, 世主以爲孝而禮之. 夫是墨子之儉, 將非孔子之侈也 ; 是孔子之孝, 將非墨子之戾也. 今孝戾侈儉俱在儒墨, 而上兼禮之 [⋯] 雜反之辭爭, 而人主俱聽之. 故海內之士, 言無定術, 行無常議. 夫冰炭不同器而久, 寒暑不兼時而至, 雜反之學不兩立而治, 今兼聽雜學繆行同異之辭, 安得無亂乎? 聽行如此, 其於治人又必然矣.

자못 신랄하고 예리하다. 유가와 묵가뿐 아니다. 「현학」에서 이기주의자로 잘못 알려진 양주(楊朱), 협객 무리, 토지를 나눠 주자고 주장하는 학자들 등등을 하나하나 격파한다.

한비의 근거는? 이들이 모두 입만 살아 놀고먹는 존재라는 것, 그리고 사회에 혼란을 일으킨다는 것. 한비가 구상하는 사회는 자기 직분을 지키고 모두 일하며 실용과 관계없는 공담(空談)이 사라진 세상이다. 순자가 "제일"(齊一)이라고 표현했던, 분(分)이라고 말한 계급사회의 원칙이 일관되고 균등하게 적용되는 사회였다. 다양성보다 통일성이 중요시되는 가치였다. 한비는 문장을 마무리하면서 군주의 통치론 차원에서 모두 수렴한다.

지금까지 『한비자』의 세계를 ① 현실인식과 통치론, ② 복합성이라는 개념으로 세분해 설명했다. 복합성은 다시 ⓐ 역사자료와 역사관, ⓑ 이전 사상의 검토, ⓒ 당대 사상 비판으로 나누어 살펴보았다. 이해 방법의 한 시도로 예시한 것인데 『한비자』는 이들을 서로 맞물리게 연결했음을 기억해야 하겠다.

「고분」: 현실인식과 우환의식을 담은 예술 산문

여기에 포함되지 않은 중요한 글들이 몇 편 남았다. 한비의 저작이 아니라는 주장으로 논란이 되는 「초견진」(初見秦)과

「존한」(存韓)은 빼더라도, 앞서 언급한 「세난」이며 「궤사」(詭使), 「난언」(難言), 「고분」 등이 세 부류에 속하지 않는 글이다. 이 편들은 자신의 격분이 드러난다는 점에서 감정적인 글로 함께 묶을 수 있다. 「오두」도 주제에 방점을 두지 않는다면 이 부류에 넣을 수 있다. 호소력이 상당한 글로 모두 독자의 감정을 뒤흔든다는 점에서 명문이라 할 수 있다.

한문 산문은 많은 갈래(장르)로 나눌 수 있고 대부분 실용성이 강한데 그 가운데 많은 글이 빼어난 문학성을 자랑한다. 이들을 예술산문이라고 명명할 수 있다. 서정적 감도가 높거나 예상치 않은 통찰력을 보여 주거나 독특한 묘사가 돋보이거나 인물형상이 뛰어나거나 등등, 넓은 스펙트럼을 가진 예술성의 몇 가지 세목을 거론할 수 있는데 감정의 격동을 일으키는 글도 다양한 색채를 품은 예술성 가운데 하나다.

「고분」은 감정을 억누르며 불우한 지식인의 심정을 드러낸다. 글을 읽은 사람의 고뇌가 배어 있다는 점에서 외면할 수 없는 힘이 독자를 잡아끈다. 저자의 토로에는 갈망과 고독과 괴로움이 저류한다. 논리성, 예리함, 풍부한 역사 증거, 조직성이 제 스스로 드러나건만 이 글의 진정한 매력은 냉정 속의 열정일 것이다. 그 보이지 않는 열정을 감지할 때 표면의 분노를 넘어 글은 다른 차원으로 진입한다. 예술이 되는 까닭이 여기 있지 않을까.

「고분」을 읽을 시간이다.

술법을 아는 선비는 반드시 멀리 보고 명확하게 통찰해야 한다. 명확하게 통찰하지 못하면 사사로운 행동을 밝게 볼 수 없기 때문이다. 법에 밝은 선비는 반드시 굳세고 의연하며 강직해야 한다. 강직하지 않으면 간사한 행위를 바로잡을 수 없기 때문이다. 신하들 가운데 명령을 따라 자기 일에 종사하고 법을 따라 관리를 다스리는 사람을 세력이 중한 사람[重人]이라고 하지는 않는다. 세력이 중한 사람은 명령을 무시하고 마음대로 행동하며 법을 어기면서 자신의 사사로운 이익을 챙기고 나라의 재산을 소모하면서까지 자기 집안을 편안하게 한다. 이런 사람들이 이른바 세력이 중한 이들이다. 술법을 아는 선비는 이들을 명확하게 통찰한다. 임금이 그들의 말을 듣고 발탁해 쓴다면 이들은 세력이 중한 사람들의 감추어진 실상을 밝힐 것이다. 법에 밝은 선비는 강직하다. 임금이 그들의 말을 듣고 발탁해 쓴다면 이들은 세력이 중한 사람들의 간악한 행동을 바로잡을 것이다. 그러므로 술법을 알고 법에 밝은 선비가 조정에 쓰이게 되면 벼슬자리가 높고 세력이 중한 신하들은 반드시 법 밖에 있게 되어 처벌받게 된다. 이는 법을 아는 선비와 요직에 있는 신하가 양립할 수 없는 원수 사이임을 뜻한다. [⋯]

무릇 요직에 있는 신하는 임금에게 신뢰와 사랑을 받지 않는 경우가 드물고 임금과 익숙하고 가까운 사이다. 임금의 마음을 헤아려 좋고 싫은 것을 똑같이 공유해 이를 통해 확실히 자기 임금과 가까이할 수 있다. 벼슬이 높고 세력이 중한 데다 붕당도 많아 온 나라가 그를 위해 송사도 벌일 수 있다. 그러나 임금과 만나고 싶은 법술의 선비는 신뢰와 사랑을 받는 친밀함이며 가까이 지내 잘 아는 은택이 없는 데다 법술의 언어로 아부에 쏠린 임금의 마음을 바로잡으려 하므로 임금과 어긋나게 된다. 그는 세력이 낮고 보잘것없으며 붕당도 없이 혼자다. 임금과 소원한 처지에서 임금과 가깝고 신뢰와 사랑을 받는 이들과 다툼을 벌이니 절대 이길 수 없다. 새로 온 나그네로서, 임금과 가까이 지내 잘 아는 신하와 다툼을 벌이니 절대 이길 수 없다. 임금의 마음과 반대되는 여건에서 임금과 호오를 함께하는 사람과 다툼을 벌이니 절대 이길 수 없다. 권세가 가볍고 지위가 천한 위치에서 벼슬이 높고 권세가 중한 신하와 다툼을 벌이니 절대 이길 수 없다. 자기 혼자의 입으로 온 나라와 다투는 격이니 절대 이길 수 없다. 법술의 선비는 이 다섯 가지 이길 수 없는 형세를 쥔 채 몇 해가 지나도 임금을 만날 수 없다. 요직에 있는 신하는 다섯 가지 이기는 바탕에 앉아 아침저녁으로 혼자 임금을 설득할 수 있다. 그러므로 법술의 선비는 어느 길로 임금에게 나아가겠으며 임금은 어느 때에 깨달을 수 있겠는가. 그러하니 바탕에서도 절대 이길 수 없는데 세력에서도 양립할 수 없는 관계이니 법술의 선비가 어찌 위험하지 않을 수 있겠는가. 죄와 허물로 덮어씌울 수 있는 경우에는 공법(公法)으로 선비를 죽여 버릴 것이요 죄와 허물로 뒤집어씌울 수 없을 때는 사사로이 검객을 동원해 선비를 없앨 것이다. 법술에는 밝으나 임금을 거스른 선비는 관리들의 처벌에 죽지 않으면 반드시 사사로이 고용된 검객에 죽을 수밖에 없는 것이다.

智術之士, 必遠見而明察, 不明察不能燭私；能法之士, 必强毅而勁直, 不勁直不能矯姦. 人臣循令而從事, 案法而治官, 非謂重人也. 重人也者, 無令而擅爲, 虧法以利私, 耗國以便家, 力能得其君, 此所爲重人也. 智術之士明察, 聽用, 且燭重人之陰情；能法之士勁直, 聽用, 且矯重人之姦行. 故智術能法之士用, 則貴重之臣必在繩之外矣. 是智法之士與當塗之人, 不可兩存之仇也. […] 凡當塗者之於人主也, 希不信愛也, 又且習故. 若夫即主心同乎好惡, 固其所自進也. 官爵貴重, 朋黨又衆, 而一國爲之訟. 則法術之士欲干上者, 非有所信愛之親, 習故之澤也, 又將以法術之言矯人主阿辟之心, 是與人主相反也. 處勢卑賤, 無黨孤特. 夫以疏遠與近愛信爭, 其數不勝也；以新旅與習故爭, 其數不勝也；以反主意與同好爭, 其數不勝也；以輕賤與貴重爭, 其數不勝 ; 以一口與一國爭, 其數不勝也. 法術之士, 操五不勝之勢, 以歲數而又不得見. 當塗之人, 乘五勝之資, 而旦暮獨說於前. 故法術之士, 奚道得進, 而人主奚時得悟乎? 故資必不勝而勢不兩存, 法術之士焉得不危? 其可以罪過誣者, 以公法而誅之. 其不可被以罪過者, 以私劍而窮之. 是明法術而逆主上者, 不僇於吏誅, 必死於私劍矣.

「고분」은 지뢰밭을 건너는 심리로 가득하다. 통치의 주체인 임금을 움직여 부국강병으로 이끌려는 선비와 자신의 이익을 탐하는 기존 관료를 대치시켜 기득권을 뚫고 들어가기 어려운, 목숨을 건 유세객의 상황을 박진감 있게 설파했다. 정확히 말하면 상술한 묘사는 한비가 파악한 현실, 그의 현실 인식이라 하겠다. 찬찬히 생각해 보면 한비가 파악한 현실이 냉정한 진실이다. 글이 빼어난 이유는 그의 적실한 현실 파악 능력에서 오지만 바탕에 깔린 감정도 주목할 필요가 있다. 유가는 우환(憂患)의식이 강하다는 게 통상 견해다. 세상을 근심한다는 지식인의 책무로 흔히 인용하는 말이다. 한비의 글을 읽노라면 한비만큼 강렬한 우환의식도 보기 힘들다. 한비의 선배로서 맹자를 떠올려 보자. 유세객으로서 맹자는 성인의 이상정치를 실현하고자 바삐 세상을 돌아다녔지만 그의 글에서는 한비만큼의 절박감까지는 느껴지지 않는다. 우열을 논하자는 게 아니다. 그만큼 한비의 열도(熱度)가 뜨겁다는 말이다. 「고분」에는 절박감과 위기의식이 가득하다.

한 가지 의문이 떠오른다. 「세난」에서 보듯, 임금을 만났다 한들 유세의 어려움은 또 다른 문제라서 겹겹이 층층이 장애물투성이, 조금만 삐끗해도 목숨이 날아가는 판인데 무엇이 한비를 정치개혁에 나서도록 하는 것일까. 한비 개인의 열정일까. 글 읽은 사람의 사명감일까. 지식인에게 임무를 부여한 시대 분위기 때문일까. 고난에 사는 백성을 돌봐야 한다는 의무감일까. 공자가 사(士)계급에게 책임감을 부여하고 시대를 이끌 사명감을 준 이후 몇백 년 세월이 흐르는 동안 사계급의 자기 각성은 이렇게 높아졌다. 자신을 수양하는 사람에서부터 사회를 개선해 이끌어야 한다는 임무를 떠안은 사람까지 스펙트럼은 넓어졌고 한비는 오롯이 사회철학에 집중했다. 『순자』에서 종합적으로 논의된 통치철학이 한비에 이르러 군신관계로 초점이 맞춰졌고 논리는 치밀해지면서 깊어졌다.

다시 자문해 본다. 무엇이 한비를 통치철학에 집중하게 한 것일까? 「고분」은 읽을수록 풀기 어려운 질문이 따라온다. 단단한 질문으로 몰아치는 힘, 그게 이 글의 미덕이다, 라고 말하고 싶지만 한비의 절박감에 비하면 얼마나 무책임한 말인가. 그의 절박감은 감정의 깊이를 말하지만 사적인 감정이 아니다. 지식인의 공분이라고 말할 수 있는 성질이다. 무릇 전통시대의 명문이란 공적 의식으로 가득한 글을 가리킨다.

3부

사상과 이야기

韓非子

1장 _ 법가 사상의 흡수 : 세·술·법

한비를 보통 법가의 완성자라고 말한다. 법가에는 세 조류가 있다. 신도(愼到)의 세(勢), 신불해(申不害)의 술(術), 상앙(商鞅)의 법(法). 모두 한비의 선구자로 이들의 저술은 한비에게 큰 영향을 끼쳤다. 한비는 이들을 모두 비판적으로 음미한 뒤 그들의 사상을 소화해 자기 것으로 만들었다. 전국시대에 적지 않은 영향을 끼친 인물들로, 사마천은 신불해와 상앙을 기록했다. 신도는 『한비자』와 『장자』에 기록이 보인다. 이들을 소개하면서 한비가 어떻게 흡수했는지 보도록 하자.

세(勢) : 성인에서 보통의 임금으로

신도(愼到)에 대한 기록은 『장자』「천하」(天下)에 보인다. 신도에 대한 가장 상세한 기록 가운데 하나일 가능성이 높은데 장자가 기록한 신도는 일반적으로 생각하는 모습과 다르다. 장자는 팽몽(彭蒙)과 전병(田駢)을 신도와 한 부류로 묶어서 말한다.

> [그들은] 만물은 동등하다는 것을 으뜸으로 삼았다. 그들은 말했다. "하늘은 만물을 덮을 수 있지만 담을 수는 없다. 땅은 만물을 담을 수는 있지만 덮을 수는 없다. 큰 도[大道]는 모든 것을 포괄할 수 있지만 구분할 수는 없다." 그들은 만물 모두는 할 수 있는 부분과 할 수 없는 부분을 지니고 있음을 알았다. 때문에 말했다. "선택한다는 것은 모든 것을 포용하지 못한다는 말이다. 무엇 하나를 가르친다는 것은 무엇인가를 빠뜨려 완전하지 못하다는 말이다. 도는 빠뜨리는 것이 없다." 이런 까닭에 신도는 지식을 버리고 자신이 가진 것에서 떠나, 어찌할 수 없는 것을 따르며 만물에 맡겨 흘러가는 것을 '도의 갈 길'[道理]이라고 여겼다. 신도는 말했다. "알지 못한다는 것을 알아라(혹은, 안다는 것은 모른다는 것이다)[知不知]. 아무리 얕은 지식이라도 갖는 순간 지식을 해치는 일에 가까워진다."
>
> 齊萬物以爲首, 曰 : "天能覆之, 而不能載之, 地能載之, 而不能覆之. 大道能包之, 而不能辯之." 知萬物皆有所可, 有所不可. 故曰 : "選則不徧, 教則不至, 道則無遺者矣." 是故愼到棄知去

己, 而緣不得已. 冷汰於物, 以爲道理. 曰 : "知不知. 將薄知而後隣傷之者也."

팽몽·전병·신도를 하나로 묶은 것은 이들이 모두 제(齊)나라 직하(稷下)에서 공부한 학자들이기 때문이다. 그런데 그들의 주장을 엮은 말을 읽고 나면 고개를 갸우뚱하게 된다. 법가의 선구자인 신도의 사상을 장자화된 도가의 언어로 묘사하고 있기 때문이다. 『장자』를 읽은 사람이라면 거의 장자와 동류라고 생각할 것이다. 인용문 처음의 '제만물이위수'(齊萬物以爲首)라는 말은 장자가 말하는 '제물론'과 다르지 않으며 도(道)에 대한 견해도 도의 통합적인 성격을 주장한다는 점에서 장자와 거리가 멀지 않아 보인다. 하지만 「천하」 편은 도가의 관점에서 다른 학파나 주의(主義), 사상을 비판적으로 논의하는 자리이기 때문에 신도에 대한 언급은 비판적으로 마무리된다. 법(法)이라는 인위(人爲)적 시스템으로 국가를 운영한다는 법가의 아이디어는 도가의 언어를 입고 있을 뿐 무위자연을 핵심으로 삼는 도가와는 대척점에 서 있기에 근본에서 사고가 다르기 때문이다.

법가의 형성에는 다른 설명이 있다. 사회조직의 효율적 운영이라는 법가의 사고는 일반 백성에서 나온 게 아니라 공무를 담당하는 행정관리의 손에서 기원했을 것이라는 설명이 그 가운데 하나다. 법으로 통칭되는 인위적 시스템 안에서 자신에게 부과된 임무[刑]를 자신이 맡은 자리[名]와 일치시켜 그것만을 충실히 해나간다는 사고다. 이 설명을 받아들이면 법가 특유의 사유가 선명하게 드러난다. 법가는 공적 임무를 수행하는 사람들이기 때문에 공(公)을 앞세우며 공(公)을 수행하는 관리를 중심으로 세상을 바라보기에 민(民)에 대한 우월감이 강하고 위계에 대한 존중에 예민하다. 행정관료 하면 떠오르는 긍정적이고 부정적인 함의가 대부분 여기에 포함된다고 생각하면 크게 어긋나지 않을 것이다. 제국을 통일한 진나라에서 관리들의 힘이 왜 그렇게 센지, 행정체계가 효율적으로 움직일 수밖에 없으며, 법이 엄격했던 이유, 사회계급 유지가 중요했던 사실 등을 이해할 수 있다. 시스템 빌더(builder)라는 측면에서 설득력 있는 설명이다.

한비의 기록은 장자의 글과 판이하다. 신도는 상당수의 글을 남겨 『한서』(漢書) 「예문지」(藝文志)에 목록이 올라 있는데 대부분 유실되고 단편만이 전한다. 장자의 기록은 신도의 원본이고 한비의 글에도 원본 기록이 남아 있다. 「난세」(難勢)에 보이는 부분이다.

신도는 『신자』(愼子)에서 말했다. "하늘을 나는 용은 구름을 타고 하늘로 오르고 뱀은 안개에서 논다. 구름이 사라지고 안개가 흩어지면 용과 뱀은 지렁이·개미와 다를 바 없다. 자기들이 탈 것을 잃었기 때문이다. 현인이 못난 사람들에게 굴복하는 것은 권력이 가볍고 지위가 낮기 때문이요, 못난 사람이 현자를 굴복시킬 수 있는 것은 권력이 무겁고 지위가 높기 때문이다. 요임금이 필부였다면 세 사람도 다스리지 못했을 것이고, 걸은 천자였기 때문에 천하를 어지럽힐 수 있었다. 나는 이 때문에 세(勢)와 지위는 믿을 수 있어도 현명함과 지혜는 부러워할 게 아님을 안다. 무릇 활이 약한데도 화살이 높이 오르는 것은 거센 바람을 탔기 때문이요, 자신은 못났는데도 명령이 실행되는 것은 사람들의 도움을 얻었기 때문이다. 요임금이 노예에 속해 사람들을 가르쳤다면 사람들은 듣지 않았겠지만 남쪽을 향해 자리에 앉아 천하를 왕으로 다스렸기에 명령을 내리면 실행되었고 금지하면 사람들은 그만두었다. 이런 관점에서 보면 현명함과 지혜는 사람들을 복종시킬 수 없으며 세(勢)와 지위는 현자를 굴복시킬 수 있다."

愼子曰: "飛龍乘雲, 騰蛇遊霧, 雲罷霧霽, 而龍蛇與螾螘同矣, 則失其所乘也. 賢人而詘於不肖者, 則權輕位卑也 ; 不肖而能服於賢者, 則權重位尊也. 堯爲匹夫不能治三人, 而桀爲天子能亂天下, 吾以此知勢位之足恃, 則賢智之不足慕也. 夫弩弱而矢高者, 激於風也 ; 身不肖而令行者, 得助於衆也. 堯敎於隸屬而民不聽, 至於南面而王天下, 令則行, 禁則止. 由此觀之, 賢智未足以服衆, 而勢位足以詘賢者也."

짧지만 깔끔한 논의다. 논리적인 글의 모범이다. 신도는 세를 정의한다. 그의 정의는 세에 관한 최초의 개념화이자 세에 관한 생각을 재정립하고 새롭게 보도록 했다. 중요한 공헌이다. 처음에는 '권위'(權位)라는 말을 썼다가 다음 문장에서 '세위'(勢位)로 받았다. 권을 세와 등가로 놓았기에 후에 '권세'라는 말로 통용되는데 세에는 권력[權]과 지위가 자연히 따라온다는 의미다. '세=권력+지위'라는 등식인데 간단한 말이지만 핵심을 찔렀다. 신도가 하고 싶었던 말은 세위의 기능으로, 세가 있기에 능력자[賢智]를 굴복시킬 수 있다는 말이다. 임금이라는 지위에 세가 있기에 통치권을 쓸 수 있다는 말과 다르지 않다. 논의의 초점은 임금이며 통치권의 원천이자 능력자를 부릴 수 있는 근원에는 세가 존재한다는, 통치론의 초석을 세운 명쾌한 논법이다.

전통시대 통치의 권위는 어디서 나오는가? 임금이 임금일 수 있는 권력의 원천은 무엇인가? 신도의 정의는 이 핵심 질문에 대한 간결한 답이다. 현대 통치자의 권위가 국민의 집약된 권리 위임에 근거한다고 할 때 그 과정에는 선거라는 제도가 매개된다. 통치자의 권력은 획득지위인 셈. 그럼 과거에는? 신도는 해명한다. 능력, 지식의 유무 같은 것보다 태생적인 지위, 소여(所與)지위라고. 자신의 힘으로 얻은 게 아니라 주어진, 태생적으로 주어진 자리라는 것. 이를 세(勢)라 했다. 임금은 세습적으로 주어진 자리지만 여기엔 세(勢)라는 권위가 붙기에 개인의 역량이나 현우(賢愚)보다 중요하다는 것. 지금 기준으로는 말도 안 되는 얘기처럼 보이지만 전통시대에는 세(勢)가 현대의 통치자들의 권위보다 무겁고 무서웠다. 논리 이전에 사회적으로 공인되고 역사적으로 승인된, 뿌리 깊은 사고이자 정서였다. 머리로 비판하기 전에 몸은 벌써 저절로 고개를 숙이는, 측량하기 어려운 위엄이 붙고 전례가 따라다녔던 것. 거기에 장엄한 의식까지 한 몸체였다.

한비는 이 쉽지 않은 문제를 어떻게 생각할까? 한비의 응답을 들어 보자.

> 어떤 사람이 『신자』에 응답하며 말했다. "하늘을 나는 용은 구름을 타고 하늘로 오르고 뱀은 안개에서 논다. 나는 용과 뱀이 구름과 안개에 몸을 맡기지 않는다고는 생각하지 않는다. 허나 현자를 놓아두고 오로지 세(勢)에만 맡긴다면 통치가 가능할까? 나는 아직 그런 경우를 본 적이 없다. 구름과 안개의 세가 있고 이걸 타고 놀 수 있는 것은 용과 뱀의 재주가 훌륭해서다. 여기 구름이 많이 끼었는데도 지렁이는 탈

수 없고 안개가 짙은데도 개미는 노닐지 못한다. 많은 구름과 짙은 안개의 세가 있는데도 이걸 타고 놀지 못하는 것은 지렁이와 개미의 재주가 보잘것없어서다. 걸과 주가 남쪽을 향하고 앉아 천하를 왕으로 다스리면서 천자의 권위를 구름과 안개로 삼았으면서도 천하가 큰 혼란을 피하지 못했던 것은 걸과 주의 재주가 보잘것없어서다. 또 신도는 요임금이 세를 가지고 천하를 잘 다스렸다고 말하지만 그의 세는 천하를 어지럽힌 걸과 주의 세와 무엇이 다른가. 무릇 세란 반드시 현자만 쓸 수 있고 어리석은 이는 쓸 수 없는 게 아니다. 현자가 쓰면 천하가 잘 다스려지고 어리석은 자가 쓰면 천하가 어지러워진다. 인간사의 본래 모습이란 현자는 적고 어리석은 자는 많은 법인데 위세의 이로움으로 사람들을 도우려니 이것이 세를 써서 천하를 어지럽히는 일은 많고 세를 써서 천하를 잘 다스리는 일은 적은 까닭이다.

무릇 세란 다스림을 편리하게 하기도 하지만 혼란을 도와주기도 한다. 그러므로 『주서』(周書)에 이르기를 "호랑이에게 날개를 달아 주지 마라, 마을로 날아들어 가 사람들을 골라 잡아먹을 테니"라고 하였다. 어리석은 인간에게 세를 타도록 하는 것은 호랑이에게 날개를 달아 주는 것과 같다. 걸과 주가 높은 누대를 짓고 깊은 연못을 파서 백성의 힘을 소진시키고 인두로 지지고 불로 고문해 백성의 생명을 손상시켰는데 이렇게 함부로 행동할 수 있었던 것은 남면하는 위세가 그들의 날개였기 때문이다. 걸과 주가 필부였다면 행동 하나도 시작하지 못하고 죽음을 당하고 말았을 것이다. 세가 짐승 같은 마음을 길러 주고 난폭하고 혼란스런 일을 이루게 했다. 이는 천하의 큰 근심이다. 세는 치란(治亂)과 근본적인 상응관계가 있는 게 아니다. 그런데 신도는 세를 써서 천하를 잘 다스릴 수 있다고 오로지 주장한다. 그의 지식이 도달한 곳이 얕다.

무릇 좋은 말과 튼튼한 수레도 노예가 몰도록 하면 사람들에게 웃음거리가 되고 왕량이 몰면 하루에 천리를 간다. 수레와 말이 다르지 않은데도 천리를 가기도 하고 사람들에게 웃음거리가 되기도 하는 것은 훌륭함과 서투름의 차이가 크기 때문이다. 이제 임금 자리를 수레로 삼고, 세를 말로, 호령을 고삐로, 형벌을 채찍으로 삼아 요순이 몰게 한다면 천하는 잘 다스려질 것이요, 걸주가 몰게 한다면 천하는 혼란에 빠질 것이니 능력과 어리석음의 차이가 크기 때문이다. 빨리 달려 멀리 도달하고자 하면서도 왕량에게 맡길 줄 모르고 이익을 가져오고 해악을 없애려 하면서도 능력 있는 사람에게 맡길 줄 모른다. 이는 유추할 줄 모르는 병이다. 요순 또한 백성을 다스리는 왕량인 것이다."

應愼子曰："飛龍乘雲, 騰蛇遊霧, 吾不以龍蛇爲不託雲霧之勢

也. 雖然, 夫釋賢而專任勢, 足以爲治乎, 則吾未得見也. 夫有雲霧之勢, 而能乘遊之者, 龍蛇之材美也. 今雲盛而螾弗能乘也, 霧醲而螘不能遊也, 夫有盛雲醲霧之勢而不能乘遊者, 螾螘之材薄也. 今桀紂南面而王天下, 以天子之威爲之雲霧, 而天下不免乎大亂者, 桀紂之材薄也. 且其人以堯之勢以治天下也, 其勢何以異桀紂之勢也, 亂天下者也. 夫勢者, 非能必使賢者用已而不肖者不用已也. 賢者用之則天下治, 不肖者用之則天下亂. 人之性情, 賢者寡而不肖者衆, 而以威勢之利濟(亂世之不肖, 다섯 글자는 衍文)人, 則是以勢亂天下者多矣, 以勢治天下者寡矣. 夫勢者, 便治而利亂者也. 故周書曰 : '毋爲虎傅翼, 將飛入邑, 擇人而食之.' 夫乘不肖人於勢, 是爲虎傅翼也. 桀紂爲高臺深池以盡民力, 爲炮烙以傷民性, 桀紂得乘四(=成肆)行者, 南面之威爲之翼也. 使桀紂爲匹夫, 未始行一而身在刑戮矣. 勢者, 養虎狼之心, 而成暴亂之事者也. 此天下之大患也. 勢之於治亂, 本末有位也. 而語專言勢之足以治天下者, 則其智之所至者淺矣. 夫良馬固車, 使臧獲御之則爲人笑, 王良御之而日取千里, 車馬非異也, 或至乎千里, 或爲人笑, 則巧拙相去遠矣. 今以國位爲車, 以勢爲馬, 以號令爲轡, 以刑罰爲鞭筴, 使堯舜御之則天下治, 桀紂御之則天下亂, 則賢不肖相去遠矣. 夫欲追速致遠, 不知任王良;欲進利除害, 不知任賢能;此則不知類之患也. 夫堯舜亦治民之王良也."

한비는 비유까지 철저하게 비판한다. 신도의 비유는 수사적 윤색에 그치지 않고 세(勢)를 설명하는 근본적인 서술이기에 비유까지 검토해야 한다. 고대 중국의 글쓰기에서 비유가 중요한 이유는 『손자병법』이나 『노자』에서 볼 수 있는데 여기서도 마찬가지다. 한비도 세를 부정하지는 않는다. 한비가 말한 세를 분석해 보자.

첫째, 한비는 세에 능력[賢]을 짝지어 다르게 설명한다. 신도가 복종시킬 대상으로 보았던 능력을 세와 짝으로 놓고 넓은 시야에서 검토한다. 세의 함의를 확장한 것. 엄밀히 말하자면 한비의 비판이 정확하다고 보긴 힘들다. 한비는 능력자를 써야 한다고 주장하지만 그의 주장과는 별개로 멍청한 인간이 왕족이라는 이유만으로 임금 자리에 오르는 일도 부지기수며 이때 능력과 상관없이 왕위라는 세(勢)가 작동하지 않는 것은 아니다. 한비의 주장이 틀렸다는 말이 아니라 능력을 앞세우는 그의 주장은 세의 본질을 꿰뚫어 본 신도의 주장과는 범주가 다를 수 있다는 말이다. 세의 남용으로 나라가 어지러워진다는 한비의 근심을 모르는 바 아니나 세와 왕위라는 단단한 결합이 끊어지는 것도 아니며 세에 대한 다른 정의이거나 세 자체에 대한 비판으로 읽기 어렵다.

둘째, 한비는 세를 다른 각도에서 검토한다. "무릇 세란 다스림을 편리하게 하기도 하지만 혼란을 도와주기도 한다"[夫勢者, 便治而利亂者也]라는 말은 뒤에서 "세가 짐승 같은 마음을 길러 주고 난폭하고 혼란스런 일을 이루게 했다"[勢者, 養虎狼之心, 而成暴亂之事者也]라고 되풀이되는데 한비가 세를 어떻게 인식하는지 보여 준다. 한비는 세의 정의보다 운용에 관심이 있었다. 통치라는 관점에 서면 세가 무엇인지 중요한 게 아니라 세를 어떻게 운용할 것인가, 라는 문제가 중심에 올 수밖에 없다. 신도를 두고 지식이 얕다고 비판한 것도 이와 관련된다. 신도의 원칙적인 논의를 받아 확장시키고 핵심을 통치의 구체적인 국면으로 이끌었다는 점에서 한비는 영리할 뿐 아니라 신도의 맥락을 능숙하게 소화했다.

셋째, 한비는 세(勢)의 적용대상을 임금에서 능력자로 옮긴다. "이익을 가져오고 해악을 없애려 하면서도 능력 있는 사람에게 맡길 줄 모른다"[欲進利除害, 不知任賢能]는 말은 왕량을 임금에 비유했지만 궁극적으로 신하를 잘 써야 한다는 함의를 갖는다. 이 부분이 한비가 늘 품고 있는 생각이었을 것이다. 훌륭한 임금과 능력 있는 신하의 조합 말이다. 이 논의를 연장시키면 당시에 많아지던 사(士)계급의 진출과 무관하지 않을 터, 이는 더 따져 보면 순자에게서 배운 것이기도 하다. 여기서 훌륭한 임금과 능력 있는 신하의 결합은 유가에서 말하는 덕(德)으로 맺어진 관계가 아니다. 유가가 덕의 조화를 말한다면 한비자는 상명하복, 신상필벌을 염두에 두었다. 유가의 가족관계가 확대된 양상이 아니라 가족관계라는 사(私)를 끊어 버린 공(公)적 관계를 상상해야 한다.

한비는 세를 어떻게 효율적으로 운용할 것인가, 통치에 관해 신도와 똑같이 고민했다. 신도를 비판하기는 했으나 신도가 만든 틀 안에서 논의를 벌였으니 비판은 철저하지 않았다. 걸주와 요순이라는 이상적 모델과 최악의 상태라는 극단형을 두고 논란을 벌였기 때문이다. 한비는 현실적으로 사고하는 사람이었기에 이에 대해 재고하지 않을 수 없었다. 신도 비판도 일면적이었기에 재비판이 생길 수밖에 없다. 스스로에 대한 반성이자 비판에 대한 재비판이면서 신도에 대한 철저한 비판과 극복, 즉 비판 2가 세번째 단락으로 이어질 수밖에 없는 까닭이다. 비판과 재비판의 관계를 어떻게 볼 것인지 주석가나 학자들 사이에서 여러 의견이 보이는데 여기서는 한비가 신도를 수용·흡수했다는 관점에서 젊은 날의 비판과 성숙기의 재비판이라는 방식으로 이해하고자 한다. 재비판의 핵심 부분을 읽어 보자.

> ① 어떤 사람이 다시 응답하며 말했다. 신도가 세를 써서 이에 의지해 관리들을 다스릴 수 있다고 하자 논객은 "반드시 현자가 있어야 다스릴 수 있다"고 했다. 이는 그렇지 않다. 무릇 세는 이름은 하나이나 변화가 무수한 것이다. 세가 자

연스럽게 필연적으로 작동하는 것이라면 세에 대해 말할 게 없다. 내가 말하는 소위 세란 사람이 인위적으로 운용하는 것을 말한다.

논객은 "요순은 세를 얻어 잘 다스렸고 걸주는 세를 얻어 나라를 혼란하게 했다"라고 했는데 나는 요순과 걸주가 그렇지 않았다고는 생각하지 않는다. 그렇기는 하나 세는 한 사람이 인위적으로 운용할 수 있는 게 아니다. 요순이 태어나 임금 자리에 있었다면 걸주가 열 명이 있다 해도 나라를 혼란스럽게 하지 못했을 것이니 이는 세가 잘 다스린 것이다. 걸주 역시 태어나 임금 자리에 있었다면 요순이 열 명이 있다 해도 나라가 잘 다스려지지 못했을 것이니 이는 세가 어지럽힌 것이다. 그러므로 세가 잘 다스리면 혼란스럽게 할 수 없으며 세가 혼란에 빠지면 잘 다스릴 수 없다고 말할 수 있다. 이는 자연의 세이므로 사람이 인위적으로 운용할 수 있는 게 아니다. 내가 말하려는 것은 사람이 가지고 운용할 수 있는 세일 따름이다. [···]

② 또 저 요순과 걸주는 천 년에 한 번 나오지 어깨를 나란히 하고 발이 이어지듯 나타나는 사람들이 아니다. 세상의 다스리는 사람들은 보통 사람이 끊이지 않고 이어지는데 내가 세를 말하려 하는 대상은 보통의 군주다. 보통의 군주란 위로는 요순에 미치지 못하지만 아래로 또한 걸주가 되지 않

는 존재로, 법을 품고 세에 의지하면 나라를 잘 다스리고 법을 등지고 세를 떠나면 나라는 혼란스러워진다. 지금 세를 없애고 법을 등지고서 요순을 기다리면 요순이 나타나서야 나라가 잘 다스려질 것이니 이는 천년 동안 혼란스럽다가 한 번 잘 다스려지는 것이요 법을 품고 세에 의지해 걸주를 기다리면 걸주가 나타나서야 나라가 혼란해질 것이니 이는 천년 동안 잘 다스려지다 한 번 혼란에 빠지는 것이다. 천년 동안 잘 다스려지다 한 번 혼란에 빠지는 것과 천년 동안 혼란스럽다가 한 번 잘 다스려지는 것은 천리마를 타고 서로 반대 방향으로 달리는 것과 같으니 차이가 너무도 크다. […]

③ 논객은 "좋은 말과 튼튼한 수레도 노예가 몰면 사람들에게 웃음거리가 되고 왕량이 몰면 하루에 천리를 간다"고 했다. 나는 그렇게 생각하지 않는다. 남쪽 월나라의 수영 잘하는 사람을 기다렸다 중원의 물에 빠진 사람을 구하려 해 봤자 월나라 사람이 수영을 잘한다 한들 물에 빠진 사람을 구할 수는 없다. 옛사람 왕량을 기다렸다 현재의 말을 몰게 하는 일은 월나라 사람에게 물에 빠진 사람을 구하라는 말과 똑같다. 할 수 없음은 너무도 명백하다.

50리마다 역을 하나씩 설치하고 좋은 말과 튼튼한 수레를 보통의 수레꾼에게 몰게 해 빨리 달려 멀리 가도록 한다면 목적지에 도달할 것이며 하루에 천리라도 갈 수 있다. 꼭 옛

사람 왕량을 기다릴 필요가 있겠는가. 또 수레를 모는 일이라면 왕량이 몰게 하지 않으면 반드시 노비가 몰도록 해 실패한다 하고, 다스리는 일이라면 요순이 다스리게 하지 않으면 반드시 걸주가 다스려 나라를 어지럽힌다고 논객은 말하는데, 이런 식의 진술은 맛을 말할 때 엿이나 꿀맛이 아니면 반드시 쓴맛밖에 없다고 하는 것과 같다. 이런 것을 적변누사(積辯累辭)·이리실술(離理失術)·양말지의(兩末之議)라고 한다. 이런 말로 어떻게 저 도리에 맞는 신도의 말을 비판할 수 있겠는가. 논객의 논의는 신도의 말에 미치지 못한다.

復應之曰："其人以勢爲足恃以治官. 客曰：'必待賢乃治', 則不然矣. 夫勢者, 名一而變無數者也. 勢必於自然, 則無爲言於勢矣, 吾所謂言勢者, 言人之所設也. 今曰, '堯舜得勢而治, 桀紂得勢而亂', 吾非以堯桀爲不然也. 雖然, 非一人之所得設也. 夫堯舜生而在上位, 雖有十桀紂不能亂者, 則勢治也. 桀紂亦生而在上位, 雖有十堯舜而亦不能治者, 則勢亂也. 故曰：勢治者則不可亂, 而勢亂者則不可治也. 此自然之勢也, 非人之所得設也. 若吾所言, 謂人之所得勢也而已矣 [⋯] 且夫堯舜桀紂千世而一出, 是(非)比肩隨踵而生也. 世之治者不絶於中, 吾所以爲言勢者, 中也. 中者, 上不及堯舜, 而下亦不爲桀紂, 抱法處勢則治, 背法去勢則亂. 今廢勢背法而待堯舜, 堯舜至乃治, 是千世亂而一治也, 抱法處勢而待桀紂, 桀紂至乃亂, 是千世治而一亂也. 且夫治千而亂一, 與治一而亂千也, 是猶乘驥駬而分馳也, 相去亦遠 [⋯] 夫曰, '良馬固車, 臧獲御之, 則爲人笑, 王良御之, 則日取千里,' 吾不以爲然. 夫待越人之善海游者以救中國之溺人, 越人善游矣, 而猶越人救溺者不濟矣. 夫待古之王良以馭今之馬, 亦猶越人救溺之說也, 不可亦明矣. 夫良馬固車, 五十里而一置, 使中手御之, 追速致遠, 可以及也. 而千里可日致也, 何必待古之王良乎. 且御, 非使王良也, 則必使臧獲敗之. 治, 非使堯舜也, 則必使桀紂亂也. 此味, 非飴蜜也, 必若蓛·亭歷也. 此則積辯累辭·離理失術·兩末之議也. 奚可以難失道理之言乎哉. 客議未及此論也".

한비의 재비판은 첫 비판에 비해 논리가 심화됐다. 그는 자신의 비판을 세 부분에 걸쳐 스스로 논박하면서 자기 의견을 재검검하는데 그가 도달한 결론은 보통 수준의 임금[中]을 위해 자기 의견을 밝힌다는 것이었다. 여기서 한비의 의견은 새로운 장을 연다. 요순의 이상정치를 최선으로 보는 태도, 혹은 그와 반대로 걸주를 들어 말하는 태도를 모두 비판하면서 한비는 정확하게 현실을 마주한다. 그의 타깃은 성인도 폭군도 아닌 보통의 임금, 누구나 볼 수 있는 지금 현실의 임금이었다. 한비를 두고 실질적이고 현실성 있다고 한 표현은 이를 두고 한 말이다. 고(古)가 아니라 금(今)에 방점을 둔 사고가 구체적으로 모습을 드러냈다. 스스로도 유가(儒家)식 논의 방식 전개를 반성한 것이기도 한데 본문에서는 이를 적변누사(積辯累辭)·이리실술(離理失術)·양말지의(兩末之議)라고 비판했다. 양말지의는 문자 그대로 요순과 걸주를 들먹이는 극단적인 논의를 말한다. 양말지의는 논리를 벗어나[離理] 현실적인 방법을 잃었기[失] 때문에 이리실술이며 형식논리만 동원해 번지르르한 말만 늘어놓는 것이기에 적변누사다. 스스로에 대한 반성이면서 유가와 명가의 논리에 대한 신랄한 비판이기도 하다. 마치는 말에서 그는 신도의 논의를 받아들인다. 원점으로 다시 돌아왔지만 긴 우회로와 많은 시간을 통과해 새로 얻은 결론이라 최초의 가치 수용보다 더 깊은 통찰을 얻었다.

한비의 세(勢) 비판과 수용은 그 자체로도 소중하지만 경유하는 과정에 더 눈길이 간다. 경유로를 통해 한비는 자신의 논지를 벼렸을 뿐만 아니라 새로운 글쓰기에 도달했다. 그 끝에는 예리한 현실적 태도가 놓여 있다. 예리한 논리적 비판은 언어형식의 문제가 아니라 자기 고민의 흔적이 고스란히 담기면서 통치의 실천을 위한 (담론을 위한 담론이 아니라) 설득력 있는 메시지가 되었다. 한비가 뛰어난 이유다.

술(術)·법(法) : 군신관계의 역학

세를 자세히 논의했으므로 술과 법은 간략히 논의해 보자. 술과 법은 편을 따로 두어 논란을 벌이지 않는다. 『한비자』 전편에 걸쳐 술법이란 표현이 자주 보이는데 법과 술을 중시해 같이 사용하기 때문이다. 술은 앞에서 본 「내저설」 상(上)에 '칠술'(七術)이라는 부제가 붙었듯 군주가 신하를 통제하는 데 쓰는 일곱 가지 통치방법 혹은 기술을 말한다. 한비는 술을 신하를 대상으로 임금만이 구사하는 고도의 책략으로 설명한다. 「내저설」 하(下)는 '육미'(六微)라는 부제가 붙었는데 신하들의 미묘하고 깊은 속마음을 이해하는 여섯 가지 방법이라는 의미다. '육미' 역시 신하의 알 수 없는 속마음을 임금이 파악하도록 한다는 점에서 '칠술'과 짝을 이룬다. 한비가 군신관계에 중점을 두고 신하를 견제하고 통제하는 데 술을 적용하고 있음을 알 수 있다.

술과 법은 「정법」(定法) 편에서 구체적으로 논의된다.

> 어떤 사람이 물었다. "신불해와 공손앙 두 사람의 말 가운데 어느 것이 나라에 더 시급합니까?" 응답하였다. "이는 따질 수 없는 문제다. 사람은 먹지 않고는 열흘이면 죽는다. 매서운 큰 추위에 옷을 입지 않아도 사람은 죽는다. 이때 옷과 먹

을 것 가운데 어느 것이 사람에게 더 시급하냐고 묻는다면 하나라도 없어서는 안 된다고 할 테니 둘 다 삶을 돌보는 도구이기 때문이다.
이제 보면 신불해는 술(術)을 말하고 공손앙은 법(法)을 말했다. 술은 능력에 따라 관직을 주고 직분에 따라 실질적으로 행했는가를 따지며 살생의 자루를 쥐고 신하들의 능력을 시험하는 것을 말한다. 이것은 임금이 잡고 있는 것이다. 법은 관청에서 명확하게 보여 주는 법령이며, 백성들의 마음에 형벌이 반드시 시행된다고 각인되어 법을 잘 지키면 상을 주고 간사한 행동에는 벌을 내리는 것이다. 이것은 신하가 잘 따르고 지켜야 하는 것이다. 임금은 술이 없으면 위에서 신하에게 가려지게 되고 신하는 법이 없으면 아래에서 혼란을 일으킨다. 이는 하나라도 없어서는 아니 되니 모두 임금의 통치수단이다."
問者曰 : "申不害·公孫鞅, 此二家之言, 孰急於國?" 應之曰 : "是不可程也. 人不食, 十日則死. 大寒之隆, 不衣亦死. 謂之衣食孰急於人, 則是不可一無也, 皆養生之具也. 今申不害言術而公孫鞅爲法. 術者, 因任而授官, 循名而責實, 操殺生之柄, 課羣臣之能者也. 此人主之所執也. 法者, 憲令著於官府, 刑罰必於民心, 賞存乎愼法, 而罰加乎姦令者也. 此臣之所師也. 君無術則弊於上, 臣無法則亂於下, 此不可一無, 皆帝王之具也."

한비는 술과 법을 간결하게 정의한다. 술은 앞서 언급했듯 임금이 주체로서 신하를 통제하는 기술이라는 면이 강하다. 법은 신하가 주체로, 백성에게 법을 집행하는 측면이 강해 보이지만 "신하가 잘 따르고 지켜야"[臣之所師] 한다고 명시했는데 이는 신하가 법을 어기면 안 된다는 뜻일 뿐 아니라(법의 객관성) 신하의 법 집행이 인사고과의 바탕으로 자신의 직분에 따라[循名] 실질적으로 행했는가를 따지는[責實] 자료라는 점에서 임금에게 귀속된다는 사실을 놓쳐서는 안 된다. 이는 법의 객관성과는 별개로 통치의 관점에서 본 것이다. 그렇기에 마지막 말에서 모두 임금의 통치수단[皆帝王之具也]이라 했다.

질문은 이어진다. "어떤 사람이 물었다. '술만 쓰고 법이 없거나 법만 쓰고 술이 없으면 안 되는 것은 어째서입니까?'"[問者曰:"徒術而無法, 徒法而無術, 其不可何哉?"] 술법을 하나로 묶는 이유를 따지는 명민한 의문이다. 한비는 신불해와 공손앙의 행적을 구체적으로 거론하면서 무엇이 그들에게 부족했는지 논증한다. 이론적 규명이 아니라 역사 사례를 통해 실질적으로 접근한다는 점을 기억하자. 한비의 문제의식이 형성되는 지점을 엿볼 수 있는 진술이기도 하다.

대답하였다. "신불해는 한(韓)나라 소후(昭侯)를 보좌한 사람이다. 한나라는 진(晉)나라에서 갈라져 나왔다. 진나라의 옛 법이 폐지되지 않았는데 한나라의 새 법이 또 생기고, 옛 임금의 명령을 거둬들이지 않았는데 뒤를 이은 임금의 명령이 또 내려진다. 신불해는 그 법을 통제하지 못하고 그 명령을 통일하지 못해 간사한 자들이 많아질 수밖에 없었다. 그러므로 이들은 옛 법과 앞의 명령을 따르는 게 이로우면 그걸 따르고 새 법과 나중의 명령을 따르는 게 이로우면 그걸 따랐다. 옛것과 새것이 상반되고 앞뒤가 어긋나는 대로 이익을 따르니 신불해가 열 차례나 소후에게 술을 쓰라고 한들 간신들은 오히려 궤변을 늘어놓을 수단을 가지고 있었다. […]

(진나라에서 벼슬했던) 공손앙의 경우, 진나라는 전쟁에서 이기면 대신들이 높아지고 땅이 늘어나면 사사로이 신하를 책봉하는 일이 생겼다. 임금에게 신하들의 간사함을 알 수 있는 술이 없었던 것이다. 상군(商君)이 열 번이나 법을 바로잡았다 한들 신하들은 오히려 법을 자신들에게 유리한 자료로 썼다. 그러므로 강력한 진나라의 토대를 갖추고서도 수십 년 동안 제왕의 자리에 오르지 못한 것은 법으로 벼슬아치를 제대로 바로잡지 못하고 임금은 위에서 술을 갖지 못했기 때문이다."

對曰 : "申不害, 韓昭侯之佐也. 韓者, 晉之別國也. 晉之古法未息, 而韓之新法又生, 先君之令未收, 而後君之令又下, 申不害不擅其法, 不一其憲令, 則姦多. 故利在故法前令, 則道之, 利在新法後令, 則道之. 利在故新相反·前後相勃, 則申不害雖十使昭侯用術, 而姦臣猶有所譎其辭矣 [⋯] 公孫鞅 [⋯] 戰勝, 則大臣尊, 益地, 則私封立. 主無術以知姦也. 商君雖十飾其法, 人臣反用其資. 故乘强秦之資, 數十年而不至於帝王者, 法不勤飾於官, 主無術於上之患也."

요컨대 신불해에겐 법이 부족했고 공손앙의 경우 술을 구사하지 못했다는 것. 그렇다면 법술이 제대로 작동하지 못한 이유는 무엇 때문인가? 신하의 힘이 강했기 때문이다. 한비에게 계속 따라다니던 문제의식이 여기서 다시 얼굴을 내민다. 법술을 신하를 통제한다는 관점에서 보고 있다. 군신관계가 핵심 문제의식으로 걸려 있다. 이론에서도 그렇고 역사에서도 숱하게 부닥친 실제 문제가 군신 간의 세력 불균형이었음을 한비는 강조한다.

유가와 법가는 군신관계를 보는 시각에서 차이가 극명하다. 유가나 법가 모두 임금 중심의 인위(人爲)를 정치의 핵심으로 본다. 도가 계열의 사상가들이 인위에 반대해 무위(無爲)를 주장한다는 점을 떠올린다면 유가와 법가의 공통점을 이해하기 쉬울 것이다. 유가는 인위의 정치에서 군신관계를 필수적이라 하면서 덕(德)으로 수렴되는 인간성 혹은 통치자의 관대함이라는 여지를 폭넓게 인정한다. 그리고 군신관계는 협력관계로 군신이 상보적임을 주장한다. 법가는 유가에 비해 군신 사이를 갈등과 경쟁, 심하게는 상반되는 관계로 본다. 신하가 임금을 죽일 수 있고 실제 시해한 사건이 역사에 적지 않다고 말한다. 법가에서 신하는 임금이 감시하고 통제하며 처벌하는 대상이다. 이때 쓰는 방법이 술(術)이다. 임금 자신만이 간직하고 누구에게도 노출해서는 안 되는 비기(祕技) 같은 것.

이는 동등하게 법(法)을 집행하는 임금의 심리태도를 가리키기도 한다. 법을 구체화한 것이 신상필벌이다. 그렇기에 유가나 법가에서도 무위라는 말을 쓰지만 함의는 다르다. 이때 무위는 도가의 무위와는 다른 임금의 통치술을 가리킨다. 유가에서는 임금이 신하를 신뢰해 전권을 맡기고 자신은 아무 일도 하지 않는다는(혹은 그렇게 보인다는) 신권에 대한 존중이 깔려 있다. 결국 유가는 인치(人治)를 모델로 삼는다. 법가의 무위는 임금이 신하에게 균등하게 적용되는 객관적인 법을 바탕으로 세에 의지하고 술을 구사해 신하를 보이지 않게 다스림으로써 신하들이 시스템(법)에 맞게 자신의 일을 충실히 하게 된다는 의미다. 이때 상벌이 구체적인 수단이다.

한비는 “관리를 다스리고 백성을 다스리지 않는다”[治吏

不治民]고 했다. 백성에게는 임금이 무위하는 모습으로 보인다는 말이다. 무엇보다 통치대상은 백성이 아니라 신하임에 주목하자. 법을 집행하는 주요 대상은 신하였다. 여기에서 법치는 뻗어 나간다. 법가는 궁극적으로 법치를 이상으로 삼는다. 법치란 법에 의한 통치를 말하는데 법에 의한 통치는 제도화된 시스템을 말한다. 법치는 제도가 우선이다. 법가는 유가의 덕치(德治)를 믿지 않는다. 도가에서 말하는, 인간의 자발성을 믿고 그대로 놓아두라는 무위, 혹은 좋은 의미의 아나키즘이 법가에겐 어림도 없는 생각이다. 법가는 시스템의 인위적 작동을 최선으로 삼았다. 인간에 대한 불신이라기보다는 제도화에 대한 믿음이 컸다고 할 수 있다.

신하를 통제한다는 말도 마찬가지다. 신하를 믿지 못해 통제한다는 인간론의 관점보다는 신하를 복종시키는 문제가 정치학의 주요과제였기에 시스템을 잘 작동시키기 위해 신하를 복종시키는 데 관심을 두었다고 봐야 할 것이다. 법가는 인위의 가능성을 믿었다고 읽을 수 있다. 강조하지만 유가가 감화력이라는 덕성을 믿었던 것에 비해 법가는 신상필벌이라는 제도를 믿었다. 그 시스템의 정점이 임금이다. 임금이라는 존재의 중요성이 강조되고 임금이 논의의 중심일 수밖에 없는 이유가 여기 있다.* 유가건 법가이건 결과적으로 무위가 되는 정치를 목표로 한다는 점에서는 같지만 무위란 말의 함의가 도가와 유가, 법가에서 이렇게 다르다.**

마지막 질문을 보자. "어떤 사람이 물었다. '임금이 신자의 술을 쓰고 관직에 있는 사람들이 상군의 법을 쓰면 되는 겁니까?'"[問者曰 : "主用申子之術, 而官行商君之法, 可乎?"] 한비는 이 질문에 신불해와 공손앙의 주요 언급을 검토하면서 결론을 내린다. "두 사람의 방법은 아직 미진해 완벽하지 않다"[二子之於法術, 皆未盡善也]. 이 진술은 한비가 왜 법가의 집대성인지를 보여 준다. 결론에서 하는 이 말은 그동안 검토한 술과 법에 대한 최종 결론이기 때문이다. 이 말을 제일 앞으로 돌려놓고 한비의 주장을 읽으면 이들 두 선구자의 부족한 곳을 간파하고 자신의 사고를 견인해 왔음을 알 수 있다.

한비는 신도, 신불해, 공손앙의 저술을 세심하게 읽고 공부해 법가로 수렴할 수 있는 근거를 발견하고 정돈된 체계로 완성했다. 「난세」(難勢)와 「정법」(定法)이 중요한 이유다. 두 글을 읽으면 한비 사상의 궤적을 엿볼 수 있다고 할까. 한비

---

* 그렇기는 하나 임금이 법 위에 군림한다거나 법을 마음대로 쓸 수 있다거나 하는 의미로 오해하지 말아야 한다. 임금은 제도의 운용자라는 의미가 강하다.

** 한비는 무위라는 말보다 허정(虛靜)이라는, 『노자』에 보이는 다른 표현을 썼다. '무위'가 행태에 방점을 둔 말이라면 '허정'은 심리상태, 무위를 행하기 이전의 마음가짐을 가리킨다고 보아야 할 것이다. 허정한 마음으로 무위를 행한다고 할 수 있다. 신하에게 들키지 않으려면 의도가 읽히지 않아야 하는데 그런 헤아릴 수 없는 상태를 말한다.

의 사상을 얘기하기는 쉽다. 그러나 그가 고민한 지적 행로를 따라가는 일에 더 관심을 두어야 하지 않을까. 그러면 한비가 다르게 보인다. 그런 의미에서 두 편은 소중하다.

한 가지 과제가 남았다. 한비가 법을 군주의 자의적 수단으로 보지 않고 통치의 기준으로 삼아 국가운영의 핵심기제로 생각했다고 할 때 그 근거를 어디에서 구했을까. 법이 도구가 아니라 국가 운영원리라면 국가 구성원 모두가 동의할 수 있는 토대로서 공유지점이 있어야 한다. 한비는 공통 토대를 도(道)라고 불렀다. 도에서 법이 나온다고. 그렇다면 도란 구체적으로 무엇을 말하는가. 도는 『노자』에서 구한 것이다. 한비가 『노자』를 읽고 주석한 이유가 여기 있다.

2장 _ 도가와 유가의 영향

노자에서 한비자로 : 도가와 법가

앞에서 도를 『노자』에서 구했다고 했으므로 그게 무슨 뜻인지 알아야 한비와 노자의 관계가 해명될 것이다. 사마천은 「노자한비열전」의 평가하는 글[贊]에서 이렇게 말했다.

> 노자가 귀하게 여기는 도는 허무로, 무위(無爲)하는 가운데 사물에 따라 응대하고 변화하는 것이다. 그러므로 글의 언어가 미묘해 알기 어렵다고 하겠다. 장자는 도덕을 폭넓게 해석해 마음껏 논의를 벌였는데 요체는 역시 저절로 그러한 상태[自然]로 귀착한다. 신자(申子, 신불해)는 부지런히 애써 명칭에 따라 실상을 따지는 일에 주장을 펼쳤다. 한자(韓子, 한비)는 법률을 가져와 일의 실정에 들어맞도록 했으며 시비를 밝혔으나 극단에 이르러서는 잔인하고 각박해 은혜가

적었다. 이들은 모두 도덕이라는 뜻에 뿌리를 두고 있었지만 노자가 심원했다.

老子所貴道, 虛無, 因應變化於無爲, 故著書辭稱微妙難識. 莊子散道德, 放論, 要亦歸之自然. 申子卑卑, 施之於名實. 韓子引繩墨, 切事情, 明是非, 其極慘礉少恩. 皆原於道德之意, 而老子深遠矣.

사마천의 언어는 개념어로 구성되어 독해가 만만치 않다. 각 학파의 언어와 개념, 함의와 지향을 파악할 때 이해할 수 있는데 사마천이 파악한 각 학파의 성격은 후대의 일반적인 이해와 크게 달라 보이지 않는다. 신불해를 명실(名實)로 설명했는데 앞서 보았던, 술(術)을 깊이 이해한 사상가로서의 면모와 충돌하지 않는다.

노자와 한비의 관계가 테마이니 두 사람에게 집중하자. 주목할 말은 "이들은 모두 도덕이라는 뜻에 뿌리를 두고 있었지만 노자가 심원했다"[皆原於道德之意, 而老子深遠矣]는 문장이다. 말을 바꾸면 도덕의 의미를 노자가 가장 깊이 통찰했다고 할 수 있다. 사마천이 쓴 "미묘난식"(微妙難識)이라는 표현은 "심원"(深遠)이라는 말과 호응한다. 사마천은 「노자한비열전」에 입전된 인물을 모두 도덕이라는 키워드로 관통했는데 한비의 사상적 근거가 노자에서 기원했음을 통찰한 것이다.

그 증거가 「해로」다. 도덕이라는 개념이 문제가 되므로 한비가 도덕을 무엇으로 파악했는지가 관건이다. 「해로」에는 도덕에 대한 심오한 주석이 보인다. 『노자』 38장 "상덕은 무위(無爲)하지만 하지 않는 게 없다"[上德, 無爲而無不爲也]는 구절에 대한 주석에서 한비는 말한다.

> 인위(人爲)하지 않음[無爲]과 생각하지 않음[無思]을 귀하게 여겨 텅 빔[虛]이라 하는 까닭은 생각이 통제받는 것이 없음을 말한다. 인위적인 어떤 방법도 없기 때문에 인위(人爲)하지 않음[無爲]과 생각하지 않음[無思]을 텅 비었다[虛]고 보는 것이다. 굳이 인위(人爲)하지 않음[無爲]과 생각하지 않음[無思]은 텅 빈 상태여야 한다고 생각하면 그 생각이 항상 텅 빔을 잊지 않으므로 이는 비워야 한다는 의식에 통제받는 것이다. 비었다 함[虛]은 생각이 통제받지 않는 것을 말한다. 이제 비워야 한다는 의식에 통제받고 있으니 이는 비었다고 할 수 없다. 허(虛)를 무위(無爲)라 하는 것은 무위를 항상 그러한 상태로 유지한다는 의식을 갖는다는 말이 아니다. 무위를 항상 그러한 상태로 유지한다는 의식을 갖지 않을 때 곧 허(虛)가 된다. 허(虛)하면 덕(德)이 왕성하게 생기고 덕이 왕성하게 생긴 것을 상덕(上德)이라고 한다. 그러므로 "상덕은 아무런 인위적인 행동도 하지 않지만 이루어지

지 않는 일이 없다"고 하였다.

所以貴無爲無思爲虛者, 謂其意無所制也. 夫無術者, 故以無爲無思爲虛也. 夫故以無爲無思爲虛者, 其意常不忘虛, 是制於爲虛也. 虛者, 謂其意無所制也. 今制於爲虛, 是不虛也. 虛者之無爲也, 不以無爲爲有常, 不以無爲爲有常則虛. 虛則德盛, 德盛之謂上德. 故曰 : "上德無爲而無不爲也."

허를 매개로 무위를 잘 설명한 말이다. 한비는 상덕을 성덕(盛德)으로 풀었고 성덕은 허라 했다. 허는 무위를 말하며 무위는 무위 자체를 마음에 두지 않고 의식[意]하지 않을 때 허가 된다고 했다. 허는 의식하지 않는 상태다. 한비의 관심은 허에 있지 않고 무불위에 있다. 무불위로 이동해야 정치사상으로 변모한다. 노자는 상덕을 무불위라고 보았는데 이 상덕을 구체화해서 사회운영 원리로 혹은 통치의 토대로 삼으면 법이 된다. 무불위의 원리로서 덕을 풀었던 것. 의식하지 않는 상태[虛]를 의식 없이 꾸준히 유지해야[上德] 무위를 실천할 수 있고 그래야 무불위가 된다는 오묘한 말이다. 추상적이기 때문에 말이 어렵다. 사마천이 "노자가 귀하게 여기는 도는 허무"라고 했는데 한비는 허의 함의를 꿰뚫어 보았기에 이런 주석이 가능했다.

도에 대한 한비의 주석은 다음과 같다.

도는 만물이 그렇게 존재하는 바탕이며 모든 벼리가 모여드는 토대다. 벼리는 만물을 이루어 주는 질서원리이며 도는 만물이 이것[道]을 통해 각자의 모습을 이룬다. 그렇기에, "도는 벼리가 되는 것이다"라고 하였다. 만물은 벼리를 지녔기에 서로 압박하지 않는다. 만물은 벼리를 지녀 서로 압박하지 않기 때문에 벼리는 만물을 제재(制裁)하는 존재다. 만물은 각자 다른 벼리를 가졌지만 도는 만물의 다른 벼리를 전부 모아 갖는다. 그러므로 도는 무엇으로든 변하지 않을 수 없다. 무엇으로든 변하지 않을 수 없기 때문에 일정한 원칙을 갖지 않는다. 일정한 원칙을 갖지 않기에 이 때문에 삶과 죽음이라는 기운을 얻으며 온갖 지혜를 써서 짐작하고 따져 보며 온갖 일이 생기고 사라진다. 하늘은 도를 얻어 높아지며 땅은 도를 얻어 만물을 간직하며 북두칠성은 도를 얻어 기준을 성취하며, 해와 달은 도를 얻어 그 빛을 항상 내며 […] 성인은 도를 얻어 제도와 문물을 완성한다. […] 우주의 만물은 도에 의지해 완성되는 것이다.

道者, 萬物之所然也, 萬理之所稽也. 理者, 成物之文也. 道者, 萬物之所以成也. 故曰 : 道, 理之者也. 物有理不可以相薄. 物有理不可以相薄, 故理之爲物之制. 萬物各異理, 而道盡稽萬物之理, 故不得不化. 不得不化, 故無常操. 無常操, 是以死生氣稟焉, 萬智斟酌焉, 萬事興廢焉. 天得之以高, 地得之以藏, 維斗得之以成其威, 日月得之以恒其光 […] 聖人得之以成文章 […] 宇內之物, 恃之以成.

물(物)에서 벼리[理, 원리]로, 그리고 최종심급으로 도를 두었다. 물이라는 구체성에서 도라는 추상까지 모두 아울러 설명했다. 도에 대해 깊이 사색했음을 엿볼 수 있는 글이다. 성인이 제도와 문물을 만들었다고 진술할 때 이 말은 제도의 창시자로서 언급한 것으로 한비의 구도 속에는 제도로서의 법이 포함된다. 도의 관점에서 제도가 도출됐음을 재차 확인할 수 있다. "우주의 만물은 도를 의지해 이뤄진다"[宇內之物, 恃之以成]는 말도 이 뜻을 반복한 것이다. 주목할 만한 발언은 또 있다. 한비는 "일정한 원칙을 갖지 않는다"[無常操]고 발언했는데 유가의 주장인 고정된 보편원리로서의 고(古)에 대해 비판한 말이다. 변하는 시대와 상황에 따라 움직이는 존재로 도를 파악했기에 가능한 말이다. 도를 파악하는 관점이 유가와 근본적으로 다르다.

한비가 『노자』를 주석한 이유도 여기서 짐작할 수 있다. 한비에게 법은 통치수단에 그치지 않는다. 법은 만물을 포괄하는 도에 근거를 두었기에 제왕(帝王)의 정치도구가 아니라 제왕까지 감싸는 상위 원리였다. 법의 근원으로서의 도와 덕. 객관적 기준으로서의 법. 하위 실행규칙이 아니라 사회를 지

탱하는 근본 공간으로서 법을 본 것이다. 법은 약속이나 계약으로 규정되는 것을 넘어 도(道)라는 보편적이고 근원적인, 사회 존립의 원칙에서 나와야 했기에 한비는 도덕을 깊이 탐구했다.

유가와 법가

유가와 법가의 관계에 대한 세간의 흔한 오해는 유가의 인(仁)과 한비의 법(法)이 배치된다는 생각이다. 인과 법은 상반된다고 하면서 늘 증거로 인용하는 『논어』 구절이 있다.

> 선생님께서 말씀하셨다. "정령(政令)으로 백성을 인도하고 형벌로 백성을 똑같도록 하면 백성은 형벌을 피하기만 하려 들고 부끄러워함이 없을 것이다. 덕으로 인도하고 예로 똑같도록 하면 부끄러워할 줄 알고 선(善)에 도달할 것이다."(「위정」)
>
> 子曰 : "① 道之以政, 齊之以刑, 民免而無恥. ② 道之以德, 齊之以禮, 有恥且格."

공자가 인을 강조한 것은 틀림없다. 하지만 법을 부정적으로 보았다고 판단할 수 있을까. 공자는 교묘한 수사를 구사한다. ①과 ②를 대구로 놓아 ②의 주장을 더 선명하게 부각시켰다. 각 절에서도 대구가 보인다. ①에서는 정(政)과 형(刑)을 주요 개념으로 썼는데 정(政)은 형(刑)의 상위개념으로 형을 포괄하는 국가운영의 정책 측면을 나타낸다. ②에서 덕(德)과 예(禮)를 가져와 정과 형에 대비시킨 것도 마찬가지다. 덕이라는 포괄적 원리에 예라는 좀 더 구체적인 작동규범을 동원했는데 예는 제도적 장치가 전제될 수 있다는 점에서 융통성 있는 말이다.

적어도 이 진술에 형벌이라는 구체적 처벌과 물리적 제재라는 측면이 약화되고 가려진 점은 분명하다. 공자는 정령과 형벌보다는 덕과 예라는 인정(人情)과 관용을 선호했음을 읽을 수 있다. 원문에는 "제지"(齊之)라고 했는데 이는 "제민"(齊民)이라는 말로 백성을 대상으로 정치를 할 때 통상 쓰는 말이다. 전통시대 정치는 백성이라는 피지배계급을 다수의 집단으로 보고 이들을 균질화하는[齊] 작업이었다고 볼 수 있다. 백성을 주로 농업생산에 종사하도록 동일화하는 것을 염두에 둔 것이다. 주희가 주석에서 제(齊)를 "일지"(一之)라고 풀이한 것도 이런 의미라고 할 수 있다. 선진시대의 문헌에 두루 보이는 언어다.

표면적으로 읽으면 공자는 법가적 사고를 배척하고 덕정

(德政)을 옹호한다. 덕이 형과 배치되도록 문장을 멋지게 썼고 상반되는 위치에 두었으니 그런 생각을 유도한다. 후대의 주석도 크게 다르지 않다. 그렇지만 이 말을 확대해 형벌 무용론까지 나아가는 해석은 말이 안 된다. 원칙으로서 덕정을 강조하되 형벌을 보조수단으로 써야지 본말(本末)이 바뀌는 게 문제라는 공자의 언명으로 보는 게 합당하다.

예상 가능하듯 유가는 인과 법이 배치되지 않는다는 사실을 금방 깨달았다. 사회를 유지하는 필수 수단으로서 법의 효율성을 간파하고 유가는 빠르게 법치를 제도화했다. 후대의 역사는 이를 증명한다. 유교는 인정(仁政)을 내세우지만 그 안에는 법이 자리 잡았다. 법가는 유가에 흡수된다. 유가에 정복당했다는 뜻이 아니라 유가에 들어가 살아남았다는 말이다. 법의 객관성과 유교의 관대함이 서로 잘 얽힌 관계가 되었다. 유가의 승리란 말은 하나만 아는 말이다. 물과 기름이 잘 섞였다는 해설도 피상적이다. 유교에 스며든 법은 단단하다. 사회운영이라는 공적 원리에는 법이라는 제도적 장치가 필수다. 학파로서 법가는 사라졌다 하겠지만 그들의 정신과 이상은 살아남았다.

인에 대한 한비의 비판은 인정(仁政)을 몰라서가 아니고, 인정의 기능을 폄하해서도 아니다. 인정이 문제가 되는 까닭은 인정(仁政)이 최고통치자의 인정(人情)에서 나올 때 객관성의 원칙이 결여되기 때문이다. 최고통치자가 요순과 같은 성인일 때 인정은 실현될 수 있을지 모르겠다. 그러나 한비가 심혈을 기울인 정치는 요순이라는 예외적 인물이 존재하는 이상공간이 아니라 보통 임금이 다스리는 현실정치였다. 한비는 법이라는 현실정치의 원칙을 훼손할 수 없었다. 인정(仁政/人情)이 나빠서가 아니라 법의 원칙과 상반될 때 인정(仁政)이 자의적으로 운영될 위험을 염려했기 때문이다. 한비는 이상정치의 함정을 간파했다. 노자 말대로 "국가는 신령스런 그릇이어서 인력으로 맘대로 할 수 있는 게 아니기"[天下神器, 不可爲也 / 『노자』 29장] 때문에 한비의 사고에서는, 확고한 원칙 위에 국가의 뼈대를 단단하게 세우지 않으면 다른 운영방식이 끼어들게 마련이고 이는 원칙을 해치는 데 이르게 된다.

법에 대한 한비의 통찰력은 유가들이 흔히 비난하는 냉혹함(인에 상반되는 원칙의 운용에서 비롯되는 나쁜 효과)으로 간단히 치부할 수 있는 게 아니다. 한비는 국가통치의 근본 문제로서 어떻게 통치할 것인가라는 핵심 질문을 던졌고 해법을 내놓은 것이었다. 법은 하위범주나 수단이 아니다. 유가에서 말하는 선왕(先王)과 인정(仁政)은 사회원리의 근본으로서 통치철학을 표방한 것이었다. 마찬가지로 한비는 사회원리의 근본으로서 법을 정치철학으로 제시한 것이다. 인정이 유가의 정치철학이듯 법은 한비의 정치원리이기에, 둘은 동일한 차원의 정치사상으로 비교되어야 한다.

한비가 한 학파의 어떤 저술가나 학자가 아니라 정치의 근본을 사유했기에, 해서 남이 도달하지 못한 지점까지 나아갔기에 사상가로 우뚝하다. 큰 사상가의 그늘에서 기생하면서 설명하는 학자와 달리 사상가는 전인미답의 땅을 개척하는 사람이다. 유가가 한비를 극렬하게 배척한 이유는 법이 냉혹해서가 아니라 법이라는 수단을 정치사상으로까지 끌어올린 데서 인정(仁政)에 라이벌이 될 수 있음을 읽었기 때문이다. 유위(有爲)라는 관점에서 보면 유가와 한비는 다르지 않다. 유위의 원칙이 유가에겐 덕정(德政)으로 이념화되었고 한비에게는 제도로서 더 구체화되었다는 차이가 있을 뿐이다. 둘 사이의 차이가 크다면 크다고 할 수 있다. 하지만 한비가 순자에게서 나왔다는 말이 전해지는 까닭은 바꿔 말하면 유가에서 법가가 탄생했다는 말이기도 하다. 이는 잘못된 진술이 아니라 유가에 내장된 어떤 측면이 법가로 발현된 것으로 해석할 수 있다는 점은 지적해 두어야겠다.

한비는 명민한 사상가다. 오늘날 『한비자』를 읽어도 계발해 주는 바가 많은 까닭은 그의 사유는 근원적이기 때문이다. 그는 정치의 수단과 방법을 새로 알려 준 게 아니라 정치철학으로 인도한 것이다.

3장 _ 역사와 이야기

이야기의 바다

문헌으로서의 『한비자』가 중요한 또 다른 이유가 있다. 자료(data)로서 풍부한 읽을거리를 전해 주기 때문이다. 풍부한 읽을거리란 기록성이라는 측면을 말한다. 세 가지 정도로 이야기의 가치를 정리할 수 있다.

첫째, 자료(data)로서 『한비자』를 읽을 때 유가전적(儒家典籍)과의 차별을 떠올릴 수 있다. 한문을 공부할 때 먼저 유가의 기록을 통해 접근하는 게 일반적이다. 초깃값(default)이 유가의 해석으로 (그런 사실조차 의식하지 못한 채) 입력되는 셈인데 한비의 글은 유가의 해석에 대해 거리를 갖게 한다. 유가의 기록과 다르기 때문이다. 다르다는 말은 다른 계통의 전승에서 오는 기록 자체의 가치를 말한다. 유가의 기록은 기록 자체보다 해석에 방점이 찍혀 있다. 일정 정도 해석 처리되어

가공된 진술이 유가의 특징이다. 유학이라는 필터를 통해 걸러졌기 때문에 다른 기록물과 차이가 난다. 물론 이런 관점을 우열의 문제로 접근해서는 곤란하다. 한비의 기록은 다른 전승을 먼저 기록하고 해석은 나중에 더한다. 한비의 이런 태도 때문에 유가의 글이 해석 우선이라는 사실이 드러난다.

둘째, 『한비자』에는 이야기들이 풍부할 뿐 아니라 어디서도 볼 수 없는 자료들이 들어 있다. 한비가 남긴 자료를 통해 수많은 다른 갈래의 전승이 존재할 수 있다는 추론에 이르게 된다. 특정 학파 형성 이전에 많은 이야기들이 세상에 유포되어 있었다. 같은 이야기의 다른 기록, 다른 해석, 그리고 다른 버전들. 가공되지 않은 날것의 이야기는 상상이 개입할 여지를 넓게 해주고 다른 해석통로를 연다. 다양한 자료의 존재는 그만큼 중요하다.

셋째, 한비의 이야기들은 장르 구분 이전의 것들이다. 날것이라는 말은 이를 가리킨다. 중국의 고대문헌은 역사이야기로 수렴할 수 있는데 오랜 역사를 지닌 문화라 자연스런 분류방식이라 하겠다. 역사를 어떻게 정의하느냐에 따라 사고가 달라지겠지만 '과거에 실제로 일어난 일을 다루는 것'이라는 큰 틀에서 분류해도 한비의 이야기들은 다양한 성격으로 이채를 발한다. 역사의 유명 인물들이 등장하는 이야기는 다른 문헌과 공통점이 많아 비교할 토대를 제공하며 민담이나 전설, 설화, 황당한 이야기까지 등장한다. 역사에 포함되지 않는 이야기는 소설(자질구레한 이야기)로 다른 범주를 만들 수 있는데 이는 픽션의 영역으로 넘어갈 성질이 다분하며, 후대에 특정 장르(예컨대 소설)로 발전하는 저수지 역할을 한다.

다르게 얘기해 보자.

한비가 저장한 이야기는 바다를 이루어 가치 있는 역사 자료들이 잠겨 있다. 「저설」 6편이 이에 해당한다. 『맹자』와 비교해 보면 진가를 알 수 있다. 한비의 기록을 읽고 나면 『맹자』의 이야기가 유가 이념에 깊이 물들어 있음을 깨닫게 된다. 맹자는 자신이 해석한 이야기를 들려줬던 것이다. 『맹자』 「만장 상」(萬章 上)은 주로 맹자와 제자 만장의 문답으로 이루어졌다. 만장은 순 임금과 관련된 사적을 질문하는데 만장의 질문은 당시 통용되던 전승을 반영한 것이었다. 맹자는 만장의 질문이 잘못됐다고 비판하면서 올바른 답을 한다. 이 '올바른' 스승의 대답이 실상은 유교화된 버전이다. 독자들은 맹자의 관점에서 재해석한 의견을 흡수한다. 맹자의 관점이란 철저히 유교의 자리에 선 것인데 이걸 인지하는 사람이 얼마나 될까. 냉정하게 접근하면 '어떤 전승이 유교화되는 현장을 담은 기록'을 목격한다는, 『맹자』와 거리두기를 통해 얻을 수 있는 수확이 가능하긴 하다. 다큐멘터리의 기록성을 중요 가치로 여기는 것과 마찬가지로 『맹자』를 판단하는 것인데 이

것도 쉽지 않다. 맹자와 만장의 대화를 거꾸로 읽을 때, 즉 만장의 의견을 중심에 둘 경우 당시 통념은 유가의 견해와 상당히 달랐다는 사실을 감지할 수 있다. 훗날 순자는 「정론」(正論)을 써서 순자 당대에 통용되던 상식적인 견해[論]를 바로잡는다[正]. 순자가 바로잡은 견해 역시 유가의 관점에서 재해석된 사실이었다. 맹자와 동일한 임무를 수행했다고 판단할 수 있다. 유가의 전통이 어떻게 이어지는지 확인할 수 있는 기회이기도 하지만 달리 읽으면 유가의 해석과는 다른 통념이 전국시대 말기까지 왕성하게 유포되어 있었음을 알게 되는 글이기도 하다.

통설과 그에 대한 비판이라는 구도는 유구한 역사를 갖는다. 통설은 후대 이단이라는 살벌한 이름으로 타자화되면서, 제도화되고 정통이라 자부하는 유교 지배 이데올로기에 탄압받는다. 이런 작업은 유교의 운명이었을까. 경쟁을 자신의 우월을 주장하는 불쏘시개로 활용해 자신이 지배종으로 등극하면 상대를 탄압하는 기술 내지 수법 말이다. 참으로 오래 지속되어서 역사적 기원조차 잃어버리고 전통 혹은 주류라는 사고로 화석화된 방식. 깊고 넓은 학문 세계를 지닌 유교가 자기 회로 속에 갇힌 아이러니.

이야기가 샛길로 빠졌으니 다시 제자리로 돌아와 정리해보자. 한비의 기록을 읽고 나면, 그것이 이야기의 원형이라고 확언하기는 어려워도 다른 버전이 존재한다는 것은 해석 이전의 형태를 상상할 수 있어 소중하다.

한비의 자료는 문학성에서 발군이다. 「설림」 상·하에서 두드러진다. 여기에는 우화와 전설이 수록되었는데 역사 기록과는 또 다른 가치를 품고 있다. 픽션 혹은 허구의 가능성을 담았다는 점에서 높이 평가받는 곳이다. 이야기의 발생이라는 측면에서 문헌적 근거가 되는 부분인데 연원 따지기 좋아하는 중국인들은 이곳을 『장자』와 더불어 문학의 남상(濫觴)으로 간주한다. 짧은 글인데도 짜임새 있는 구성과 캐릭터 조형의 예리함, 언어 선택의 경제성과 간결함이 인상적이다. 또 이야기의 바다는 한비 사상을 견고하게 만든다. 강조하지만 역사를 통해 논증하면서 자기 논리와 사상을 만드는 작업 방식은 고대 지식인들의 일반적인 글쓰기였다. 많은 사례를 통해 라이벌을 반박하고 자료를 새롭게 해석해 자기 사상에 합리성을 부여하고 유세할 때 설득력을 더하는 힘은 모두 역사 자료의 능숙한 활용에 기원을 둔다. 한비의 경우 목표가 선명했다. 왕을 중심으로 한 정치체제의 구상이 그것이었다.

한비의 글쓰기

앞에서 문장을 예로 들어 기회 있을 때마다 『한비자』의 문학성과 논리의 탁월함을 강조했다. 「세난」과 「고분」 등에서 언급한 부분을 모아 한비의 글이 지닌 문학성을 재구성할 수 있을 것이다. 또 역사 자료를 언급하는 곳에서 문학에 공헌한 면모를 얘기해 보았다. 그럼에도 글을 직접 읽는 게 한비의 탁월함을 이해하는 지름길이다. 지루해도 이만한 길이 어디 있겠는가. 앞에서 「난세」 전문을 거의 읽었으니, 인상을 복기해 보는 것도 한 방법이리라.

『한비자』를 읽을 때 혹은 읽고 나서 『한비자』에 대한 인상을 하나만 얘기해 보라고 한다면 『한비자』의 독자들은 무엇을 얘기할까. 내게 그 대답은 문학성이다. 다른 말로 그의 문장이다. 한비의 글은 읽고 나면 그 인상이 지워지지 않는다. 몇 가지 항목이 두서없이 떠오른다. 예리한 논리, 정확한 사례 인용, 선명한 윤곽, 높은 밀도, 가차 없는 상대방 찌르기, 주제에 집중하는 힘 등등. 문제는 이런 덕목을 늘어놓는다 해서 한비의 글쓰기 비밀(?)을 전부 장악하는 게 아니라는 사실이다. 근본적인 질문으로 한 걸음 더 들어가야 한다. 무엇이 한비로 하여금 긴장되고 팽팽한 글을 쓰도록 몰아간 것일까. 이 점을 설명하지 않으면 어떤 말도 변죽 울리기일 뿐이다.

먼저 한비의 글쓰기를 정리해 보자. 한비의 글쓰기가 남다르게 보이는 까닭이 있다. 한비는 한눈팔지 않고 자신의 논의에 집중한다. 특이하다 하겠는데 지식을 과시하는 지식인의 일반특성에서 벗어났기 때문이다. 「세난」의 경우 심리적 통찰력이 인상적이다. 유세라는 게 간단한 문제가 아님을 꿰뚫어 봤기 때문에 눈앞에 있는 상대의 알 수 없는 마음을 실시간 고려해야 하는 불안한 상태가 고스란히 반영되었다. 순간순간 변하는 인간심리를 이보다 더 잘 쓰기 힘들 것이다. 거기엔 상대방과 유세객 사이의 권력 비대칭이라는 관계가 목숨을 요구하기에 말하는 자, 듣는 자, 읽는 자, 쓰는 자의 긴장감이 가득하다. 생명이 걸려 있으니 보기 드문 글이 될 수밖에 없다. 사마천이 '한비전'에 옮겨 쓴 이유를 수긍할 만하다. 「화씨」는 재능이 빈번히 오해받는 일에 대한 은유로 읽힌다. 역사적 사실을 은유로 쓰는 일은 흔하지만 글 전반을 은유로 끌고 가는 힘과 긴장은 화씨의 억울함에 동조하고 연민을 느끼는 화자의 감정이 화씨와 함께 움직이는 데서 나온다. 독자도 쉬 전염된다. 당시에 널리 알려진 화씨 이야기에 대한 해석이 달라지는 이유가 아닐까.

감정의 격동은 「고분」, 「오두」에서 두드러지지만 표면에 드러나지 않는다. 분노가 넘치면 글이 딴 길로 빠진다는 걸 알고 있기에 감정은 절제되면서 오히려 증폭되고 논리는 끊어오른다. 감정은 저류하면서 가끔 얼굴을 내밀고 출렁이다 독자를 후려친다. 독자는 알지 못하는 새 멱살을 잡혀 끌려 다닌다. 「난」(難) 네 편은 명제를 걸어두고 반박과 재반박으로 갑론을박을 펼친다. 「난세」(難勢)도 마찬가지지만 스케일이 더 커졌고 테마가 하나로 집중되면서 밀도가 높아졌다. 한 가지 사안을 놓고 겹눈으로 검토하는 중층성, 쉽지 않은 글이다. 한비의 주석을 봐도 그렇다. 「해로」는 전통적인 주석 방식을 쓰지 않는다. 후대 한나라 때 훈고학이 번성하면서 한비의 주석 방식은 잊혔지만 그렇다고 사전풀이식 주석을 기준으로 한비를 폄하할 수 없다. 「유로」는 사서(史書)에서 가져온 증거를 응용한 방법이지만 『노자』의 경문을 이해하기 쉽게 해준다. 「저설」(儲說) 여러 편은 연주체라 해서 다른 방식을 구사한다. 이는 후대에 새로운 한문 문체를 열었다.

연주체

앞에서 한비자의 기록성을 논의했는데 기록성에서 더 나아간 부분이 있다. 문학사에서는 연주체(連珠體)의 효시로 한비의 글을 뽑는다. 연주체라는 낯선 문체에 대해서는 좀 더 논의를 펼칠 가치가 있다.

문체별로 뛰어난 작품을 가려 뽑은 『문선』(文選)에 연주(連珠)에 대한 설명이 보인다. '연연주'(演連珠, '연주連珠를 부연 설명하다演'라는 뜻이다)라는 제목 아래 육기(陸機, 자는 사형士衡)의 연작시 50수를 수록했다.

육기의 연작시를 수록한 『문선』 제55권은 '론'(論)·'연주'(連珠)라는 갈래(장르)를 다룬 편(篇)으로 연주(連珠)란 제하(題下)에 이선(李善)이 주를 붙였다. 이선은 '연주'라는 문체를 설명하면서 부현(傅玄)의 「연주체를 말하다」[敍連珠]라는 글을 인용했다. 이선의 주를 이어 "연연주(演連珠) 50수"라는 제목이 이어지고 육사형(陸士衡, 육기)이라고 작가 이름이 보이는데 여기에 또 다른 당나라의 주석가 장선(張銑)이 주석을 붙였다. "연주는 여러 사물에 가탁해 의미를 펼쳐 풍자하는 뜻이 통하도록 하는 방법이다. 연(連)은 꿴다[貫]는 뜻이다. 감정과 논리를 꿰뚫은 것이 구슬이 끈에 꿰어 있는 것과 같다는 말이다. 한나라 장제 때 이미 이러한 작품이 있었는데 육기가 옛 형식을 다시 인용해 확대한 것이다. 연(演)은 인용했다는 뜻이다."[連珠者, 假託衆物, 陳義以通諷諭之道. 連, 貫也. 言穿貫情理如珠之在貫焉. 漢章帝時班固賈逵已有此作, 機復引舊儀以廣之. 演, 引也.]

이선이 인용한 부현의 글도 그렇고 장선이 가져온 한나라 운운도 모두 『문심조룡』과 관련되기 때문에 이에 대해선 따로 검토가 필요하다. 샛길로 빠지지만 『문선』의 주석 작업에 대해 잠깐 언급하자면, 『문선』은 당나라 때 이선이 주를 붙이면서 유명해졌는데 이후 현종(玄宗)의 명으로 다시 다섯 명이 주를 붙여 소위 오신주(五臣注)로 알려졌다. 뒤에 이선주와 합쳐 육신주(六臣注)로 묶여 현재까지 통용된다. 당나라라는 문화제국의 성립은 이전 시대를 정리하면서 토대가 단단해지는데 문학부흥은 특히 남조시대의 귀족적이고 세련된 문화를 완전히 흡수하면서 가능했다. 그 가운데 하나가 이전 문학의 총괄인 『문심조룡』과 『문선』의 정리다. 문제는 두 권의 정수를 소화하면서 독과 꿀을 모두 섭취했다는 것. 『문선』에 주를 붙이면서 『문심조룡』에 의지해 상호보완 작업을 했는데 『문심조룡』에 대한 문헌비평이 완전하지 못했다. 이를 이론적으로 따지기보다는 연주체를 다룬 방식을 통해 이야기해 보도록 하자. 먼저 육기의 시를 읽고 그 뒤에 『문심조룡』을 거론하도록 하겠다.

앞서 『문선』에 육기의 시 50수가 실려 있다고 이야기했는데, 이 시들을 읽으면 연주체가 무엇인지 정확히 알 수 있다. 육기의 시 50수는 시작이 모두 똑같다. 첫 수만 전문을 인용하고, 이하 몇 수의 앞부분만 보도록 하자.

1.

신은 듣건대 해는 하늘 가까이 돌고 별은 하늘에서 운행하기에 하늘은 만물의 기준이 되고,
산은 높고 땅은 낮은 곳에 있기에 땅은 온갖 기운을 퍼뜨리며,
오행은 서로 엇갈려 만물이 쓰일 수 있도록 하고,
사계절은 어긋나는 모습이기에 한 해를 이룬다고 합니다.
이 때문에 모든 관직은 삼가며 자리해 여러 가지 다른 소리를 내고,
훌륭한 임금은 이에 맞는 관대함을 지니고 조화롭게 만날 수 있기를 추구합니다.

臣聞日薄星廻, 穹天所以紀物; 山盈川沖, 后土所以播氣. 五行錯而致用, 四時違而成歲. **是以**百官恪居, 以赴八音之離, 明君執契*, 以要克諧之會.

2.

신은 듣건대 임무가 힘에 걸맞아야 하는데 재주가 다하면 (사

---

* '집계'(執契)라는 말은 『노자』(老子)에 근거를 둔 표현으로 계(契)는 부절(符節) 혹은 어음(증서)의 한쪽을 말한다. 대나무나 약속증서를 반으로 쪼개 상대방과 나눠 가졌다가 후에 맞춰 보고 당사자임을 확인한다는 말이다. 신하들이 다른 직분을 맡아 여러 다른 소리[八音]를 내더라도 임금은 그것에 다 부응하는 한쪽을 지니고 조화롭게 운용하는 능력을 가져야 한다는 의미로 쓴 것이다.

람이) 곤란하고/ 하는 일이 재능을 확장시켜야 하는데 일이 너무 크면 (일이) 위태롭다고 합니다./ 이 **때문에** [···]

臣聞任重於力, 才盡則困; 用廣其器, 應博則凶. **是以** [···]

3.

신은 듣건대 재주가 뛰어난 인물은 세상에 드물고/ 숨어 사는 인재는 때에 맞추어 빛이 드러난다고 합니다./ 이 **때문에** [···]

臣聞髦俊之才, 世所希乏; 丘園之秀, 因時則揚. **是以** [···]

4.

신은 듣건대 세상에서 버려지는 인물이 보배가 아닌 것은 아니며/ 임금이 진귀하게 여기는 사람이 반드시 정치에 알맞은 사람은 아니라고 합니다./ 이 **때문에** [···]

臣聞世之所遺, 未爲非寶; 主之所珍, 不必適治. **是以** [···]

시의 패턴이 눈에 들어오시는지. 전체 50수가 "신문(臣聞) ~ 시이(是以) ~"의 형식을 벗어나지 않는다. "신문"(臣聞) 이하에서 인용하는 글이 길어지거나 혹은 "시이"(是以) 이하 맺는말에서 길어지거나 하지만 문틀을 그대로 유지한다. 대구로 시를 운용하는 수법도 마찬가지다. 바로 이 형식이 전체를 꿰는 벼리에 해당한다. 두 마디 말이 '형식으로' 시를 일관하고 테마(신하가 임금에게 하는 말)가 '내용으로' 전체를 이룬다. 육기가 파악한 연주라는 형식이지만 테마에 방점을 두고 잘 운용했다 하겠다.

연주를 설명하는 글에서 주석가는 사물에 가탁한다고 했는데 "신문"(臣聞) 이하에 보이는 말은 사물에 가탁하는 부분에 해당하고 "시이"(是以) 이하는 자신의 뜻을 진술해 넌지시 아뢰는[諷] 말에 속한다. "정리(情理)를 꿰었다"고도 했는데 "신문"(臣聞) 이하는 정(情)으로, "시이"(是以)는 리(理)로 포괄할 수도 있다. 이상이 육기의 시를 통해 '연주'라는 형식을 이해한 경우다.

연주체라는 형식을 가늠했으니 앞서 언급했던 문체의 기원 문제를 좀 더 (전문적으로) 따져 볼 차례다. 『문선』이 탄생한 남조시대 또 하나의 걸작, 최고의 문학비평론이자 이론서인 유협(劉勰)의 『문심조룡』(文心雕龍)에는 권14 「잡문」(雜文)에 연주체에 대한 상세한 기록이 보인다.

> (한漢나라의) 양웅은 (교서校書 벼슬을 하며) 조정의 천록각(天祿閣)에서 차분하게 생각해 이전의 학술을 종합하고 서술했는데 그의 학문이 깊어 (학문을 종합한 외에) 다양한 여러 재료의 문장을 써서 처음 연주체를 창시했다. 연주체는 언어

는 사소하지만 설명 방식은 세련됐다.*

揚雄覃思文閣, 業深綜述, 碎文瑣語, 肇爲連珠. 其辭雖小, 而明潤矣.

양웅을 연주체의 창시자로 본 유협의 진술보다 이 글에 붙은 후대 주석들이 더 흥미롭다. 몇 개만 살펴보자. 명나라 방이지(方以智)는 『통아』(通雅) 「석고」(釋詁) 권3, 「연주체는 한비에서 시작됐다」[連珠始於韓子]라는 글에서, "한자(한비)는 어떤 일을 비유로 설명해 처음 이 연주란 명칭을 만들었다. 짧은 구절로 조직한 문체를 만든 것은 자운(양웅)이다. 유협은 '양웅이…운운' 하였는데 자신의 생각이라 하겠다"[韓子比事, 初立此名, 而組織短章之體, 則子雲也. 勰曰 : '雄覃思文閣, 業深綜述, 碎文瑣語, 肇爲連珠.' 此可想已]라고 했다. 또 다른 주석을 읽어 보자.

청나라 매경생(梅慶生)은 『문심조룡주』(文心雕龍注)에서, "「예문」(藝文)에 수록된, 부현(傅玄)의 「연주체를 말하다」

* 이어지는 글에서 유협은 연주체에 대해 논의를 더 진행해 문체 탄생 이후 주요 작가를 서술하면서 그 예로, 비유와 사례(事例)를 잘 결합했다고 육기의 연연주(演連珠) 50수를 들고 높이 평가한다. 육기의 시가 문학작품으로서 연주체의 대표작임을 알 수 있다.

(敍連珠, 「연주서」連珠序라고도 한다)에 이르기를, '소위 연주체는 한나라 장제 때 생겼는데 반고(班固)·가규(賈逵)·부의(傅毅) 세 사람이 황제의 명을 받들어 지은 것이고 채옹(蔡邕)·장화(張華) 같은 사람들이 또 문체를 확장했다. 그 문체는 문장은 화려하면서 언어는 간결하며 일의 실상을 직접 가리켜 설명하지 않고 반드시 비유를 빌려 그 뜻을 전달하기에 읽는 사람이 은미하게 깨달으니 옛 시의 풍자나 은유[興]의 뜻에 부합한다. 실에 꿴 구슬처럼 또렷하게 보이도록 쓰였기에 보기 쉽고 즐거워할 만하다. 때문에 연주(連珠)라고 이른다'라고 하였다. 내 생각으로는, 서한(西漢) 시대 양웅이 이미 「연주」라는 작품을 지었고 반고는 「연주」를 모방했기 때문에 연주체는 반고에서 시작된 게 아니다.'

梅注 : "「藝文」傅玄「敍連珠」云 : '所謂連珠者, 興於漢章帝之世, 班固·賈逵·傅毅三子受詔作之. 而蔡邕·張華之徒又廣焉. 其文體, 辭麗而言約, 不指說事情, 必假喩以達其旨, 而覽者微悟, 合於古詩諷興之義. 欲使歷歷如貫珠, 易覩而而可悅, 故謂之「連珠」也.' 愚按西漢揚雄已有「連珠」, 班固擬連珠, 非始於固也."

명나라 양신(楊愼)은 『단연총록』(丹鉛總錄)에서 "『북사』(北史) 「이선전」(李先傳)에, '위(魏)나라 황제가 이선을 불러 한자(韓子)의 「연주론(連珠論) 22편」을 읽었다"라고 했는데 한자(韓子)는 한비자를 말한다. 한비의 책 가운데 연어(聯語)가 있는데 먼저 제목을 펼쳐 놓고 그 뒤에 풀이를 쓰는 것으로 연주(連珠)라고 한다. 이를 생각해 보면 연주체는 한비에게서 시작한 것이다. 임방(任昉)은 『문장연기』(文章緣起)에서 "연주체는 양웅에서 시작되었다"고 했는데 아니다."

"『北史』「李先傳」, 魏帝召先讀韓子「連珠論二十二篇」". 韓子, 韓非子. 韓非書中有聯語, 先列其目, 而後著其解, 謂之連珠. 按此則連珠之體兆於韓非. 任昉「文章緣起」謂"連珠始於揚雄", 非也.

위에 인용한 글에는 '연주론 22편'이라는 기록이 보이는데 『한비자』에는 「연주론 22편」이 보이지 않으므로 당연히 주석가들이 논란을 벌일 수밖에 없다. 범문란(范文瀾)은 『문심조룡주』(文心雕龍注)에서, "「이선전」(李先傳)에서 말한 한자(韓子)의 「연주론 22편」은, 지금 한비의 책을 읽어 보면 전혀 「연주론」(連珠論)이라는 제목이 없다. 『한비자』를 살펴보면 「내저설」 상에 '칠술'(七術)로 일곱 조항이 있고, 「내저설」 하에 '육미'(六微)로 여섯 조항이 있고, 「외저설」 좌상(左上)에 거론한 것이 모두 여섯 조항, 「외저설」 우상(右上)에 거론한 것이 모두 여섯 조항, 「외저설」 우하(右下)에 거론한 것이 모두 5조항(7+6+6+6+5=30) […] 이선은 『한비자』의 형식과 내용을 가지고 「저설」(儲說) 전체를 관통한 것이다. 양웅이 이를 모방해 연주(連珠)라 했고 이를 따라 「연주론」이라 한 것이다”[「李先傳」所云韓子連珠論二十二篇, 今讀韓非書, 幷無「連珠論」之目. 按韓非子, 「內儲說上」有七術七條, 「內儲說下」有六徵六條, 「外儲說左上」所擧凡六條, 「外儲說右上」所擧凡六條, 「外儲說右下」所擧凡五條, […] 李先 […] 以其辭義前後貫注, 揚雄擬之稱連珠, 因名爲「連珠論」]라고 했다.

참고로 양웅이 지은 「연주」(連珠)라는 작품은 온전히 전해지지 않고 『전한문』(全漢文)에 몇 조목이 수록되어 전한다.*

여러 주석을 통해 『한비자』로 거슬러 올라가는 과정은 고대 문학사의 형성을 엿보고 추적할 수 있는 시간이기도 하다. 주석을 살펴보면 『문심조룡』의 기록이 완벽하지 않다는 것을 알 수 있는데 이는 앞서 말한 『문심조룡』에 대한 문헌학적 검토가 당나라 때 철저하지 않았다는 말의 증명이기도 하다. 그러나 이는 옥의 티일 뿐 『문심조룡』의 가치가 형편없다

* 이상 주석은 상해고적출판(上海古籍出版)에서 1999년에 간행한 첨영(詹鍈)이 찬한 『문심조룡의증』(文心雕龍義證)에서 가져왔다.

거나 당나라의 학술이 보잘것없다는 식으로 비약해서는 안 된다. 『문선』과 『문심조룡』이라는 빼어난 책이 연주체를 언급한 것은 『한비자』의 가치를 높여 준다. 주석가들의 갑론을박과 역사의 더께에서 오해라는 덤불을 헤쳐 나가야 하지만 한비가 연주체의 창시자라는 사실은 확고하다. 간혹 연주체를 두고 한나라 때 형성된 장르라는 해설이 보이는 것도 뒤엉킨 덤불에서 아직 다 벗어나지 못한 어지러움 때문이리라.

근원 따지기 좋아하고 오래되어 가치 있다는 중국문학의 상고(尙古) 정신은 한편으로는 중국문학사가 깊은 연원을 가지고 오랜 시간에 걸쳐 전통을 이어 왔다는 문학사의 전통적인 시각을 반영한다. 다른 한편 후대의 시각에서 이전 시대를 높이면서 자신의 존재를 전통과 연결시키고, 이전 시대의 작품은 전통의 형성이라는 흐름에서 선구자의 자리에 놓이게 되니 어떤 방식에서 접근하더라도 유구한 역사성이라는 문학의 탐스런 기준에 부합한다. 개성이나 창조성을 앞세운다 한들 전통에 뿌리를 두었다는 사고만큼 강력한 호소력을 지니는 게 있을까. 후대의 작위적인 발견이라거나 혹은 전통 만들기라고 유구한 역사성을 급진적으로 공격한다 해도 역사성의 힘은 줄어들지 않는다. 역사성 중심 또한 한 시각일 뿐이라는 관점은 얼마나 쉽게 잊히는지.

그러나 『한비자』가 중요한 까닭은 장르의 창시자라는 창조자의 위상이 전부가 아니다. 연주체를 만들었다는 사실도 중요하고 장르의 연원이 오래됐다는 점도 소홀히 할 수 없지만 한비가 사고를 다각화하면서 새로운 글쓰기가 탄생했다는 점이 진정 중요하다. 『한비자』를 읽을 때 눈여겨보아야 할 곳이 여기다. 연주체라는 결과가 아니라 연주체를 만든 한비의 고투. 연주체에까지 도달하게 한 글쓰기에 대한 한비의 끈질긴 고민 말이다.

먼 길을 돌아왔으므로 한비의 글쓰기를 다시 정리해 보자. 그의 글쓰기는 필요에 따라 시도된 것이다. 문체(장르라는 뜻이다)를 만들겠다는 의도나 목표를 세우지 않았다. 사료를 모으고 전설을 실은 것도 자료학을 위해서가 아니었다. 자신의 생각을 정확하게 전달하려는 고민과 모색이 전혀 새로운 글쓰기와 장르의 탄생으로 나아간 것이다. 『한비자』가 고전인 이유를 물으면 나는 이 점을 강조하고 싶다. 누구나 『한비자』가 '법가 사상의 집대성'임을 알겠지만, 그보다도 한비의 글쓰기와 문체가 『한비자』라는 빼어난 저작을 만들었고 고전으로 남도록 했으며 앞으로도 생명력을 갖도록 할 것이다.

이제, 『한비자』의 핵심을 이야기할 수 있다. 한비가 고민한 저변엔 무엇이 있었던가. 그는 무엇 때문에 고민하고 고민했는가. 『한비자』는 큰 책이지만 그의 사상을 들여다보면 그의 사고는 의외로 간단하다. 이전 선배들의 저작, 다른 제자백가들의 글과 달리 한비의 저작은 광범위한 범위를 포괄하지 않는다. 한비는 오로지 하나, 왕권 중심의 통치체계를 구상했다. 왕권 중심, 이를 중앙에 두고 다른 모든 것들이 배치된다. 신하와의 관계, 실무 관료들의 임무, 행정운영, 제도 구상, 경제와 산업형태, 외교관계 등등 국가 운영의 제반 국면이 뻗어 나간다. 왕권 중심을 구상하면서 철학적 기반을 다지고 역사를 검토하기에 깊이가 생기면서 사상가의 면모가 부각된다. 한비는 왕권이라는 테마에 집중했기에 파고들 수 있었고 다른 사고를 이와 연결지어 진행했기에 논의가 단단해졌다. 단순함을 피하기 위해 여러 국면을 끊임없이 살피고 피드백했기에 두터운 논리가 완성됐다. 한비의 예리한 글쓰기는 여기서 탄생했다.

맺는 글 : 이상에서 현실로

『한비자』가 오해받는 이유가 있다. 먼저 정치적 관점에서. 그것은 현대 정치가 고대와 다르다는 시공간의 문제이기도 한데, 구체적으로 말하자면 민주주의 체제에 살고 있는 현대인들의 문화가 고대 문화와 완전히 다르다는 점에서 유래한다. 앞서 얘기했듯 한 체계는 그 체계에 맞는 적합한 인간형을 교육하고 체제를 이끌어 갈 인재를 양성할 수밖에 없다. 사회주의형 인간이 자본주의에 잘 적응하기는 어려울 것이다. 전체주의나 독재에 길들여진 사람이 자유민주 체제를 낯설어하는 것과 같은 이치다. 민주주의 체제는 그에 걸맞은 민주주의형 인간을 요구하고 인간형을 주조한다. 현대 민주주의는 개인의 자유를 최대한 신장하고 공과 사를 구분한다는 전제에서 작동한다. 이 목표가 아름답고 훌륭하긴 하나 여기에 딜레마가 없는 것은 아니다.

민주주의의 문제점은 이미 오래전 고대 그리스의 소크

라테스가 지적한 바 있다. 고대 그리스는 흥미로운 시대였다. 여러 도시국가들이 온갖 종류의 다양한 정치체제를 운영했기에 철학자들은 당시까지 실험(?)되었던 모든 통치체계를 비교검토하고 우열의 문제를 풍부한 경험을 통해 따져 볼 수 있었다. 플라톤의 『국가』나 아리스토텔레스의 『정치』에서는 정치체제에 대한 검토와 문제의식이 큰 비중을 차지하는데 민주주의에 대한 논의도 그 가운데 하나였다.

놀랍게도 소크라테스를 포함한 인류의 위대한 스승들은 민주주의에 대해 회의적이고 비판적이었다. 그 가운데 하나가 민주주의를 구성하는 자유로운 시민의 멘탈리티와 생활방식 문제였다. 시민계급의 편협성, 그리고 유한계급의 여유에는 이기심과 안일함, 자기중심주의가 깔려 있었다. 당시 유한계급의 문제를 지적한 소크라테스의 말은 유흥과 쾌락을 일삼는 현대인의 삶을 묘사하는 것 같다. 민주주의의 원형으로 늘 칭찬받고 낭만화되는 고대 그리스. 자신의 책임과 주체성보다는 집단 감정에 우르르 몰려다니는 대중에 대한 철학자들의 경계는 안락 추구라는 대중의 이익 중심 태도와 관련된다. 이른 시기에 벌써 이런 인간형이 보이고 소크라테스가 지적했다는 사실은 상당한 현재성과 기시감을 불러온다.

이런 심성과 태도는 지금도 어렵지 않게 볼 수 있다. 이익 앞에서 귀한 가치를 아무렇지 않게 팽개치는 사회가 됐다고 할까. 이런 상태에서 한비가 구상한 사회를 이해하긴 어려운 일이다. 더구나 제도를 법으로 치환해 놓은 채, 법에 대한 우리의 무지와 선입견은 얼마나 쉽게 방치되는가. 한비가 디자인한 사회는 한마디로 놀고먹는 사람이 없는 사회다. 놀고먹는 것이 가치처럼 된 풍조에서는 한비가 상상한 이상사회는 빡빡하고 숨구멍 없는 전체주의를 연상하기 알맞다. 과연 한비자가 구상한 사회가 이상적인지는 다시 따져 봐야 할 별개의 문제지만 말이다.

또 고려해야 할 것이 있다. 성리학이라는, 유가를 재해석한 강력한 학파가 한비에 대해 필요 이상으로 적대적이었다는 사실이 『한비자』 이해의 큰 방해물이다. 조선의 경우 성리학의 적통을 자처하는 터라 『한비자』가 수용되고 거론될 여지가 전혀 없었다 해도 과언이 아니다. 에도 시대 일본에서 『한비자』 연구가 활발했던 사정에 비추어 보면 조선이 『한비자』를 대하는 태도가 얼마나 미미했는지 알 수 있다. 하지만 실제 『한비자』는 유가에 깊숙이 스며 외유내법(外儒內法)이 통치의 기본 전략이 된 측면을 생각할 필요가 있다.

한비자는 원래 한자(韓子)였다. 춘추전국시대 제자백가를 부르던 관습과 전통에 비춰 볼 때 '한자'가 맞는 명칭이다. 명나라 때까지도 '한비자'를 '한자'라 불렀음을 확인할 수 있다. 왜 한자가 한비자가 되었을까. 당나라의 걸출한 문인 한유(韓愈)를 높여 한자(韓子)라 부르는 일이 송나라 때 생겼다. 성리학이 득세하면서 이단 의식이 강화된다. 한유를 한자라 부르면서 또 한 명의 한자, 오리지널 한자를 한비자로 낮춰 부른 것이다. 성(姓) 뒤가 아니라 이름 뒤에 자(子)를 붙이는 희한한 작명이 송나라 성리학의 확산과 더불어 관례화된 것. 깔보는 뉘앙스를 간직한 채 굳어진 것이다. 하지만 전통시대에 두 사람이 공유했던 '한자'라는 명칭은 현재 다 사라지고 한비자만 남았다. 현재까지도 유학에 대한 이해가 한쪽에 편중되고 성리학적 사고가 정통이니, 성선(性善)이 주류니 하며 과하게 이데올로기화 되었는데도 유학을 객관화하기 어려운 실정이다. 한 시대의 문화적 편향은 독서에 일정한 영향을 미친다. 다양한 독법, 혹은 자기만의 읽기란 말처럼 쉬운 게 아니다. 다양한 유교학파 연구와 더불어 제자백가에 대한 이해가 심화되어야 한다. 그를 출발점으로 『한비자』를 정밀하게 읽으면서 자극을 받는 것도 좋은 방법일 것이다.

그렇다면 『한비자』에서 자극받을 수 있는 중요한 메시지는 무엇일까. 한마디로 현실성이다. 유가의 이상주의도 소중하지만 현실도 소홀히 할 수 없다. 한비가 끝까지 현실을 끌어안을 수 있었던 데는 몇 가지 배경을 꼽을 수 있다.

첫째, 중국사를 보는 그의 안목. 한비의 공부와 지식을 가리킨다. 한비의 역사 공부는 유가와 다르다. 같은 요순을 파악하더라도 유가는 이상화시키는 경향이 강하다면 한비는 현실정치로 해석한다. 한비의 글에 보이는 사례(史例)에서 읽을 수 있다. 둘째, 순자에게서 배운 것. 순자는 독특한 사상가다. 유가로서 이상주의를 견지하지만 순자의 사고에는 현실이 짙게 깔려 있다. 순자가 뛰어난 사상가가 된 까닭은 순자 생애에 걸쳐 격동하는 현실과 고투를 벌였다는 데 있다. 순자는 덕과 법을 통합적으로 사고했다. 한비는 순자에게서 법이라는 제도를 현실에서 파악하고 현실에 적용하는 방법으로 진화시켰다. 한비가 순자의 뛰어난 제자인 이유다. 셋째, 순자와 마찬가지로 한비는 자신이 처한 약소국의 처지를 온몸으로 겪으면서 현실적인 방안을 찾았다. 강대국의 압박을 받는 한(韓)나라의 녹록지 않은 현실도 중요하지만 한나라의 문화적 배경, 역사, 학술적 전통도 고려 대상에 포함된다. 실질적 국가 운영을 중심 과제로 삼은 법가적 전통이 한비에게 적지 않은 영향을 미쳤다. 요컨대 한비는 법가사상을 집대성했지만 그것은 정치를 현실적으로 생각하는 방식을 체계화했다는 말과 다르지 않다. 유가의 이상주의와 견줄 수 있는 키워드지만 한비의 사상적 전환이 얼마나 뛰어난지 제대로 이해하려면 반드시 고려해야 하는 전제다.

그리고 한비의 글쓰기. 그의 글은 예리하다. 한비의 통치론은 숱한 비판으로 얼룩지겠지만 『한비자』가 살아남은 것은 그의 문장 때문이었고, 앞으로도 『한비자』는 문장의 고전으로 생명력을 유지할 것이다.

한비가 언어로 지은 집은 크지 않으나 충분히 넓다. 너른 공간으로 바람이 드나든다. 그것은 독자를 위로하고 어루만지는 바람이 아니다. 정신을 번쩍 들게 하는 차가운 바람이다. 냉기에 정신을 차리고 볼 때 한비의 집은 얼마나 단단한 구조인지 자신의 뼈대를 드러낼 것이다.

참고문헌

陳奇猷, 『韓非子新校注』, 上海 : 上海古籍出版社, 2000.

太田方, 『韓非子翼毳』(『漢文大系』 第8卷), 東京 : 富山房, 1973.

원문 링크

『한비자』 원문(https://ctext.org/hanfeizi/zh)

왕선신(王先愼), 『한비자집해』 국역본(http://db.cyberseodang.or.kr/front/alphaList/BookMain.do?tab=tab1_01&bnCode=jti_3c0101&titleId=C1)

참고 사이트

동양고전종합DB(http://db.cyberseodang.or.kr/front/main/mainmenu.do)

중국철학서전자화계획(https://ctext.org/zh)

『한비자』 원문

『한비자집해』 국역본

동양고전종합DB

중국철학서 전자화계획